www.tredition.de

*"Ich kann dir eine andere Welt zeigen,
aber die Entscheidung, ob du sie auch
wahrnehmen und betreten willst,
bleibt dir selbst überlassen."*

Eva Lene Knoll

AUS ALLEN HIMMELSRICHTUNGEN

Reisen mit Erinnerungen an andere Leben

www.tredition.de

© 2014 Eva Lene Knoll
erste Auflage

Umschlaggestaltung, Illustration: Eva Lene Knoll
Lektorat, Korrektorat: Margareta Knoll
Verlag: tredition GmbH, Hamburg
ISBN: 978-3-8495-7483-3
Printed in Germany

Das Werk, einschließlich seiner Teile, ist urheberrechtlich geschützt. Jede Verwertung ist ohne Zustimmung des Verlages und des Autors unzulässig. Dies gilt insbesondere für die elektronische oder sonstige Vervielfältigung, Übersetzung, Verbreitung und öffentliche Zugänglichmachung.

INHALT

Prolog..7

1 Erste Erinnerungen........................11

2 Lemurien - pazifische Inseln.......................23

3 Oden -
   die Feen-Inseln (Thule) - im Norden............55

4 Atlantis -
   von den Azoren bis zu den Kanaren............87

5 Altes Ägypten................................99

6 Vorderasien..................................131

7 Italien - Erinnerungen an das
   Mittelalter in Europa..................................143

8 Im Himalaya................................159

9 China und Erinnerungen an Agartha........173

10 Australien – Gondwana............................207

11 Der Kreis schließt sich..................................225

Anmerkungen................................231

Quellen und Literaturhinweise..................241

Über tredition..................................249

fotografiert von: Eva Lene Knoll

PROLOG

Dieses Buch ist eigentlich eine poetische Dokumentation. Lange habe ich mir überlegt, ob ich diese Berichte in der Ich-Form oder in Form eines Romans mit entsprechenden Protagonisten schreiben will. Ich habe mich für eine Berichterstattung in der Ich-Form entschieden, da die Erlebnisse wahr sind, wenn ich sie auch etwas ausgeschmückt habe. Vieles scheint reine Fantasie zu sein, aber es ist tatsächlich so geschehen. Die Reihenfolge meiner Reisen stimmt nicht immer, weil ich nach den Daten der Geschichten in meinen Visionen vorgegangen bin und so macht es das Gesamtbild einer ganzen Weltgeschichte zusammenhängender.

Zuerst hatte ich vor, keine wissenschaftlichen Beiträge anzugeben, was mir auch einige Recherchen erspart hätte. Ich wurde aber gebeten, doch über einige wissenschaftlichen Erkenntnisse zu schreiben - so wie in meinen vorhergehenden Büchern. Allerdings werde ich diese als Anmerkungen separat hervorheben, sodass der an wissenschaftlichen Erklärungen nicht interessierte Leser(in) diese überspringen kann oder umgekehrt, der an diesen Erklärungen interessierte, sie schneller wiederfindet, um utopisch klingende Stellen besser nachvollziehen zu können.

Es ist so, dass ich im Laufe meiner Reisen die seltsamsten Begebenheiten erlebte und zwar besonders dort, wo gerade meine Aufmerksamkeit war. Bestimmte Begebenheiten bei den Reisen erinnerten mich an Träume und Visionen, die ich schon lange vorher gesehen hatte.

Diese Déjà vu' s waren aber echt, das heißt, ich bildete mir diese nicht bloß ein, da meine alten Tagebuch-Eintragungen die Echtheit jener Vorahnungen bewiesen. Das sind für mich sehr mystische Erlebnisse gewesen und ich brauchte sehr lange, um Licht in diese Puzzle-artigen Geschehnisse hineinzubringen. Lange suchte ich nach einem "roten Faden", damit ich Zusammenhänge verstehen konnte, bis ich endlich - nach vielen Jahren - herausfand, dass ich zeitweise Rückblicke in meine eigene Vergangenheit haben musste. Auf diesen Reisen sollte ich mich an einige meiner vorherigen Leben erinnern und gewisse Muster, die sich bei mir immer wiederholen, erkennen. Natürlich stellt sich dabei die Frage, ob es so etwas wie Reinkarnation oder Wiedergeburt überhaupt gibt. Nun, ich selbst glaube daran. Auch wenn es bislang nicht bewiesen werden konnte, gibt es viele Hinweise darauf, besonders im tibetischen Lamaismus.

Im Laufe vieler Jahre und Jahrzehnte zog es mich regelrecht in gewisse Länder, obwohl das für mich oft schwer war, da es mir meistens an Geld fehlte - und natürlich auch an Zeit - so wie es bei jedem arbeitenden

Menschen der Fall ist. Es kam daher vor, dass ich bei mindestens zwei langen Reisen vorher bei meiner Firma kündigen musste, was mich natürlich wieder dazu brachte, dass ich später vor finanziellen Hürden stand. Manchmal ereigneten sich auch seltsame "Zufälle", die mich in gewisse Länder führten.

Ich sage "Zufall" in Ermangelung eines anderen Wortes, denn das Wort "Schicksal" finde ich zu determiniert. So fatalistisch bin ich aber nicht, immerhin glaube ich an einen "freien Willen" (ganz sicher bin ich mir allerdings dabei auch nicht).

Bei vielen Reisen hatte ich aber nicht nur große räumliche Entfernungen zurückgelegt, ich erlebte auch oft das Gefühl einer Zeitversetzung und befand mich dann wie in einer anderen Realität - in Zeiten, die schon hunderte oder tausende Jahre vergangen waren. Meine Recherchen ergaben, dass diese traumhaften Erlebnisse durchaus historisch gewesen sein könnten. Warum das möglich ist, habe ich auch ein wenig auf wissenschaftlicher Basis recherchiert (siehe Quellen).

Ich wünsche allen, die dieses Buch gefunden haben, viel Vergnügen beim Lesen.

Payerbach, Januar 2014

fotografiert von: Eva Lene Knoll

1
ERSTE ERINNERUNGEN

Zu Beginn dieses Buches gebe ich zum besseren Verständnis etwas Philosophisches wieder. Es ist ebenfalls eine Erinnerung aus einer Vision oder einem Traum und ist eine der wenigen, die ich nicht im Zusammenhang mit einer Reise sehe, sondern völlig unabhängig. Zwar hatte ich in Ägypten, im Tal der Könige, (besonders beim Tempel von Hatschepsut) einige ähnliche bildhafte Erinnerungen an diese Orte und Begebenheiten die ich in diesem Kapitel schreiben werde, aber diese Vision war kein Déjà Vu, kein Wiedererkennen in dem Sinn, wie ich es sonst empfand.

So hat diese Schilderung nicht viel mit einer Reise zu tun, aber sie erzählt einen wichtigen Teil des Gesamtbildes, das sich im Laufe der Jahrzehnte nur Puzzle-artig zusammenfügte.

Im Sommer 2009 hatte ich also folgende Traumvision:

Eines nachts - während eines Traumes befand ich mich plötzlich in einem Zustand der Vollkommenheit, des Friedens und der Einheit. Dieser Zustand ist für Menschen normalerweise bei Tagesbewusstsein nicht rational vorstellbar, nur in tiefer Meditation kann es gesche-

hen, dass ein Mensch diese Harmonie empfindet, kann es aber aufgrund unser rein logischen Sprache keinem erklären, es ist ja auch ein Gefühl. Diese Erfahrung muss daher jeder für sich machen, man kann diesen Zustand nur erahnen. Ich weiß in diesem Moment und in diesem Traumzustand, dass ich das einzige Ganze bin und daher bin ich selbst nicht nur der Anfang, sondern auch das Ende von allem - ungeteilt, zeitlos, distanzlos, ewig und unveränderlich.

So wie ich immer wieder als ungeteiltes, vollkommenes Bewusstsein beginne, so ende ich auch immer wieder, bevor ich mich wiederum teile und mich damit so weit selbst vergesse, als ich geteilt bin. Das heißt also, dass ich als Teilchen fast gar nicht mehr bewusst bin. Vielmehr liegt alles Wissen im sogenannten "Unterbewusstsein" oder "kollektivem Bewusstsein". Außerdem liegt in mir - in Allem-was-ist - ein Muster, ein Hintergrundfeld, das die Gesetze der Natur und des Lebens ausmachen, vollständig und unveränderlich. Dieses Muster hat etwas mit Fraktal-Geometrie zu tun. Es ist spiralenförmig und entspricht dem "Goldenen Schnitt", so wie ich es sehe. Dieser Urzustand wird von manchen auch "Gott" genannt. Aber er ist mehr ein "Es" und trägt somit auch das Weibliche in sich, das Muster; und das Alles-was-ist wäre dann das männliche Prinzip.

Aus dem Nichts, das alles ist, kommt eine Bewegung und wie aus einem Ozean durch einen einzigen Hauch Wellen entstehen, so teile ich mich selbst in unzählige

Wellen und bin somit eine Schwingung und ich selbst spiegle mich durch unzählige andere Schwingungen. In diesem Moment gibt es erst wirklich ein "Ich" und ein "Du".

Ich bin jetzt polarisiert und schon in die Dualwelt gefallen. Indem ich jetzt ein "Du" wahrnehme, verändern sich meine/jetzt unsere harmonischen Schwingungen und wir schwingen nun nicht mehr kohärent. Viele wie wir treffen uns jetzt so disharmonisch, dass wir als Schwingung "sterben" und als richtiges materielles Teilchen wiedergeboren werden. Meine Erfahrungen in der materiellen Dualwelt beginnen von vorne, denn es wiederholt sich immer alles in der Ewigkeit. So steht eine Information oder besser nur ein Algorithmus als ewig unveränderlichen Muster in Allem-was-ist, das in uns allen wirkt.

Es ist ein Kreislauf und von Äon zu Äon machen wir die verschiedensten Erfahrungen, aber immer nach den Gesetzen (nach dem Muster). Dieses Muster ist in allem von uns und wir alle sind in dem Muster. Und nachdem das Muster das einzige Wahre, Unveränderliche und Vollkommene ist, das von mir und uns allen am Ende des Kreislaufs im Allem-was-ist, (das ist Energie , die sich in Materie verwandelt und rückverwandelt) (wieder) übrig bleibt, so bin auch ich das Ganze, Vollkommene und Unveränderliche selbst. Alles ist "Ich", aber das wissen wir jetzt als Teilchen nicht mehr. Ich bin jetzt geteilt und es gibt somit ein"Wir". Es ist uns nicht bewusst, das wir eins sind, aber es ist im kollektiven Bewusstsein verankert.

Wenn ich und alles was ist und je war, eines Tages, nachdem das Universum erkaltet sein wird und das letzte Teilchen sich als Strahlung auflösen wird, wieder in den Urzustand eintreten, in den absoluten Zustand der Einheit und des Friedens also, gibt es nur mehr ein "Bin" oder ein "Sein". Dieser Augenblick ist das wahre "Sein", die Stille, das Nichts, das Alles ist, so wie die kurze Pause zwischen Aus- und Einatmen. Dieser Moment wird scheinbar eine Ewigkeit sein, eine Ewigkeit des ruhenden Seins, eine Ewigkeit des Friedens, denn in diesem Zustand gibt es keinen Raum und keine Zeit mehr. Es gibt also nur noch eine "Ich bin"-Wahrnehmung, das ist alles, denn in dem Moment, wo man in den Urzustand eintreten wird, ist alles vergessen. Alles Wissen wird in das Unterbewusstsein zurückkehren nur in Form einer Information oder weniger (eine Formel, das Gesetz) im Augenblick des sogenannten "universellen Todes".

Doch dieser Tod wird eben nur eine Umkehrung sein, eine Einkehr in die Stille der Ungeteiltheit, eine Rückkehr in die Einheit, in das Ganze. Nur durch eine minimale Differenz der allerkleinsten Raum- beziehungsweise Zeiteinheit wird der Kosmos wieder neu entstehen - durch einen erneuten Urknall beziehungsweise einem "Urschwung", so wie es in Physiker-Kreisen ernsthaft diskutiert wird.

In dem Zeitraum zwischen Aus- und Einatmen des Kosmos' gibt es allerdings keine Zeit und keinen Raum, auch nicht in Gedanken. Es gibt dann keine Sinne, also kein Sehen, kein Hören, keine Wahrnehmungen irgendwelcher Art. Es gibt nur ein einziges Sein. Es gibt nur das Alles-was-ist und das Muster, das ist alles. Dieses perfekte Muster des Lebens ist eine Art Informationsfeld. Es ist wie schon erwähnt, vollkommen und daher auch unveränderlich, ewig und ungeteilt. Dieses Muster ist in allem - als Teil und als Ganzes. Als Teil sind wir also ein Holon, das immer auch das Ganze enthält. Alles was ist, ist ein Holofeld und ich bin auch ein Teil (ein Holon) und damit habe ich auch alles in mir, was ist.

Alles wird sich wieder polarisieren und aus der Einheit als Welle heraustreten. Die Schwingungen werden wieder dekohärent. Sie werden dann wieder langsamer und schließlich zu ersten allerkleinsten Teilchen werden. Gleichzeitig beginnen sich Raum und Zeit wieder zu entfalten.

Als ich noch eine Schwingung war, spürte ich schließlich zum ersten Mal ein Gegenüber. Schließlich begann ich zu fühlen, ja ich fühlte zum allerersten Mal. Es kribbelte irgendwie, eine Art elektromagnetische Welle durchfloss mich. Noch waren alle Schwingungen harmonisch, also kohärent. Aber indem ich mein Bewusstsein auf die anderen Schwingungen lenkte, veränderten sie sich und in diesem Augenblick entstanden in den sich bildenden Schwingungsknoten wirkliche Materieteilchen (Quanten). Es entstand zuerst nur eine Kraft, die Schwerkraft.

Jedes Teilchen - so wie ich - schwang in seiner eigenen Frequenz und wir bildeten so verschiedenste Arten von Materieteilchen. Wir verbanden uns gemäß dem immer anwesenden Hintergrundmuster als Atome zusammen und die schwache und die starke Kernkraft entstanden, die ersten Moleküle sowie der Elektromagnetismus - nicht unbedingt in dieser Reihenfolge.

Inzwischen bin ich gigantisch gewachsen. Nachdem alles sehr schnell abgekühlt war, trat aus dem zuvor heißen Urnebel nun ein sichtbares Universum hervor. Wir verbanden uns zu immer größeren makromolekularen Teilen und schließlich wurden wir alle zu riesigen Gebilden und entzündeten uns zu Sonnen, zu strahlenden Sternen. Die ersten Galaxien bildeten sich. Das Muster, die Information, aus der ich als Holon (Teil) und auch als Alles-was-ist schöpfe, wirkt wie eine Gesetzesordnung. Schließlich bildeten sich aufgrund der Naturgesetze auch Planeten um uns Sonnen und es entstanden Sonnensysteme innerhalb der vielen Galaxien.

Indem ich durch Raum und Zeit gereist bin, habe ich mich also mit anderen Atomen zusammengeschlossen und schließlich wurden ich und andere so groß und heiß, dass viele unter uns sich zu Sonnen entzündet hatten und Galaxien gebildet hatten, wie oben schon erwähnt.

Als ich zur Sonne wurde, besaß ich, obwohl oder gerade weil ich aus vielen Teilchen bestand, bereits ein Ego-Bewusstsein und nannte mich "Ra". Ich war eine der ersten Sonnen im Kosmos in einer weit entfernten Galaxie, von der Erde aus gesehen und hatte noch viele Geschwister. Unter anderem meine Schwester "Alcione", das ist die Hauptsonne einer Galaxie, die die Menschen später "Milchstraße" nennen werden. Aber es gibt auch noch kleinere Systeme, die um mich und manche Geschwister kreisen. Das sind keine Sterne, sondern Planeten und ihre eventuellen Trabanten.

In mir wirkt, wie schon erwähnt, ein Muster, das in allem was überhaupt ist, ebenfalls wirkt. Ich nenne es "Neb", das ist das Erbe meiner Mutter. Meine Geschwister und ich geben den Planeten, die uns umkreisen, lebensspendendes Licht. Diese Planeten nennen wir "unsere Kinder". Wir haben also eine Familie. Erst die Menschen werden uns „Sonnensysteme" nennen. Unser Vater, das Alles-was-ist, das All, unser aller Ahn, später auch "Gott" oder "All-Ahn" genannt, hat zusammen mit unserer Mutter das bewusste Leben hervorgebracht.

Die Menschen würden meinen Vater als Quantenvakuum bezeichnen und meine Mutter als Hintergrundfeld. Zuerst war das Bewusstsein der lebenden Teilchen noch ganz klein, aber es entwickelte sich, indem die lebende Saat, aus der sich alles weitere entwickelt hatte, gelegt wurde. Der erste Sohn des All-Ahns wurde "Cet" genannt, das war mein ältester Bruder und die erste Tochter, meine älteste Schwester also, wurde "Taughet" genannt.

Unsere Kinder, die Planeten, wurden langsam erwachsen, sie kühlten soweit ab, dass das Klima auf ihrer "Haut" lebensfreundlich für intelligenteres Leben wurde und es entstanden neben Pflanzen auch Tiere. Zuerst entstanden primitive Formen wie Einzeller, dann Insekten, Reptilien, später Vögel und schließlich Säugetiere, sowohl zu Wasser, wie Delphine und Wale, als auch zu Land, wie Wölfe, Tiger, Löwen und Affen. Da die Affen zwar nicht so intelligent wurden wie die Wale und Delphine, aber sehr geschickte Gliedmaßen hatten, konnten sie auch Werkzeuge benutzen und somit schöpferisch tätig werden. Es entwickelten sich intelligentere Affen, die sogenannten "Menschenaffen" oder Primaten.

Allerdings wurden viele Planetenkinder nicht alt, sie starben früh oder sie wurden nie reif. Manche prallten mit anderen zusammen und zertrümmerten sich gegenseitig und wurden dann von meinen großen Kindern in den Bann gezogen, so dass sie diese später als sogenannte Monde umkreisten. Diese Trabanten konnten auch einen regelrechten Gürtel, die aus Gesteinsbrocken bestanden, um uns Sonnen bilden, so wie bei meinem Neffen, einer großen gelben Sonne. Ein Asteroidengür-

tel befindet sich bei ihm - zwischen Mars und Jupiter. Diese Asteroiden waren einmal ein einziger großer Planet.

Ein anderer bemerkenswerter Planet war einst zwischen Mars und Venus. Er ist reif geworden und hatte den Namen "Tiamat", aber er wurde später in zwei ungleiche Teile gespalten. Es entstanden die "Erde" und der Mond.

Ich aber strahle weiter und spende Leben, bis auch meine Ressourcen zu Ende gehen werden. Dann werde ich ausbrennen und sterben, nachdem ich mich vorher zu einem Riesen aufblähen werde. Dann werde ich zu einem "Schwarzen Loch" oder einem Neutronenstern zusammenfallen.

Aber bis dahin werden noch viele Milliarden Jahre vergehen. Meine Kinder, die von meinen Strahlen abhängig sind, kann ich dann zwar nicht vor ihrem eigenen Tod beschützen, aber humanoide Rassen, wie die Menschen, haben dennoch die Chance, sich soweit zu entwickeln, dass sie die Raumfahrt beherrschen können. Dann könnten sie möglicherweise in fernen Galaxien, wo meine Geschwister noch jung sind, einen freundlichen Planeten finden, um auf ihm weiterleben zu können, bis auch diese sich dort befindlichen Sonnen ausbrennen werden.

Anmerkung:

Schließlich brennen auch die anderen Sonnen aus. Sie blähen sich zuerst als Supernovae auf und schrumpfen dann zusammen. Viele werden auch zu Neutronensternen. Dann kommt die Zeit der "Schwarzen Löcher", die jede Materie und jede Energie aufsaugen und transformieren. Die schwarzen Löcher selbst sind eigentlich gar nicht sichtbar, da sie die Raumzeit total verzerren.

In diesen schwarzen Löchern herrscht ebenfalls eine Singularität und die Gravitation ist so stark, dass weder Materie noch Energie jemals entkommen können. Aber manchmal bleibt ein Zwillingsteilchen am Ereignishorizont hängen und dann kommt es zu einer Strahlung, die gemäß dem Entdecker Stephen Hawking als "Hawking's Strahlung" bezeichnet wird. Er entdeckte, dass aus schwarzen Löchern also doch Information entkommen kann. Schließlich verstrahlen diese schwarzen Löcher alles wieder und so werden wir zersplittert als Strahlen wiedergeboren.

Eines Tages wird auch das letzte Teilchen in das All-Eine eingehen und dann wird es auch keinen Raum und keine Zeit mehr geben. Alles ist wieder wie ganz am Anfang im Urzustand und in dem Moment, wo das letzte Teilchen in den Urzustand eingeht, gibt es kein Denken, kein Fühlen, kein Streben und kein Bewusstsein mehr, es gibt nämlich keine Dualität mehr. Also gibt es keine Eigenschaften mehr. Es gibt nichts mehr. Nichts, wo gleichzeitig das "Alles-was-ist" enthalten ist - zum Einen - und zum Anderen das ewige Muster der Gesetze des Kosmos, das perfekt, unveränderlich und ewig ist, in sich trägt. Es herrscht Frieden, Stille und absolute Einheit für einen einzigen Augenblick, der eine Ewigkeit ist. Denn in diesem Moment gibt es keine Zeit und keinen Raum mehr.

Dann wird wieder ein Urknall entstehen, in diesem Fall also ein "Urschwung", so wie es Roger Penrose (siehe Quellen) bezeichnete und das kosmische Spiel des Universums, das in Wirklichkeit kein Spiel ist, sondern das Leben an sich, beginnt von vorne.

Etwas "schwingt sich" in eine bestimmte Frequenz aus diesem Urzustand heraus - gemäß dem ewig gültigen Gesetz - und es entstehen Raum und Zeit. Schließlich gibt es wieder viele Schwingungen in verschiedensten Frequenzen und dort, wo die Wellen Knoten bilden, fallen sie zusammen und es entstehen abermals erste Teilchen, die sich zu Atomen und Molekülen binden. Diese werden dann von der Welt der Materie für ein neues Lebenszeitalter des Universums willkommen geheißen.

gemalt und fotografiert von: Eva Lene Knoll

2
PAZIFISCHE INSELN - LEMURIEN

Es war im Jahr 1997 und ich wollte, nachdem ich schon vorher Grundkenntnisse im Schamanismus erworben hatte, auch von jener schamanischen Lehre etwas erfahren, die aus der Pazifik kommt und besonders in Hawaii seine Wurzeln geschlagen hat - dem Kahuna-Schamanismus. Im Allgemeinen als "Huna" bekannt geworden, hatte mich die Effektivität dieses magischen Wissens besonders interessiert. Dabei hat diese Religion nur eine Regel: "Schade niemanden, auch nicht dir selbst" (frei übersetzt).

Vielleicht ist das auch der Grund, dass die Menschen aus Hawaii oft als die freundlichsten Menschen bezeichnet wurden.

In diese für Europa entfernte Gegend erhielt ich keinen "inneren Ruf", der mich dorthin zog, es waren rein rationale Überlegungen, die mich auf die Insel hinzogen, auf die noch "Hüter der Geheimnisse", die Kahunas, lebten.

Ich organisierte alles von Österreich aus, da ich vor einigen Jahren in Indien so schlechte Erfahrungen damit gemacht hatte, alles erst am Zielort zu buchen. Es war einfach zu kurzfristig, um dabei preislich gut auszustei-

gen. Das wäre zwar dort nicht so gewesen, aber so hatte ich dort keine Probleme mehr, mich um Hotel und nationale Flüge zu kümmern.

Es war Spätherbst bei uns, als ich in Honolulu, Oahu ankam, aber das war in diesen Breitengraden egal, es war da immer warm. Als ich am Flughafen ankam, überwältigte mich ein seltsames Gefühl, so als sei ich vor langer Zeit schon einmal hier gewesen. Es war nachts und ich wurde vom Taxi ins Hotel gebracht, wo ich nach dem Duschen nur noch ins Bett fiel, um den versäumten Schlaf nachzuholen.

Ich wurde daher sehr zeitig munter - und das mit einem gewaltigen Hunger. Nachdem ich nur eine Nächtigung im Hotel gebucht hatte, machte ich mich auf dem Weg nach einem Frühstücks-Restaurant und wurde alsbald fündig. Mit Kaffee und gebratenem Schinken mit Eiern und Kartoffeln war ich für den Rest des Tages gestärkt. Ich ging durch eine der Hauptstraßen von Oahu, unweit vom Waikiki-Strand, den ich auch bald fand. Es war inzwischen sehr heiß geworden und ich kühlte mich zwischendurch in den klimatisierten Einkaufszentren der Strandhotels ab. Dabei machte ich auch einige hübsche Fotos von den Hotels und dem Strand. Für den nächsten Tag hatte ich schon eine Reise in den Norden der Insel gebucht, zum Freilichtmuseum, das die Kultur aller pazifischen Inseln zeigte und wo Aufführungen mit Musik und Tanz aller Insulaner von Neuseeland über die Marquesas-Inseln bis Tahiti, Samoa und Hawaii stattfanden. Es war beeindruckend, aber nicht das, was ich erwartet hatte, denn es war doch eher für den Tourismus.

Ein paar Tage später flog ich nach Mau'i und fuhr in die Hauptstadt Lahaina. Gerade auf dieser naturbelassenen Insel hatte ich mir erwartet, zumindest einen Kahuna zu treffen, aber der Zufall kam mir da auch nicht zu Hilfe. Zu meinem Erstaunen wurde ich nach ein paar Tagen von den Einheimischen, die mich als morgendliche Strandläuferin erkannt hatten, freundlich begrüßt. Hätte ich dort mehr Zeit gehabt, wäre mir ein Kontakt mit den Einheimischen sicher gelungen.

Ich fuhr dort mit dem alten "Sugar Cane-Train", einem Dampfzug, durch die ehemaligen Zuckerrohrplantagen der Insel, was mir romantische Ausblicke in das Land gestattete. An diesem Tag sah ich auch andere Strände mit den üblichen Auslegerbooten, auf denen die Einheimischen einst über das Meer gekommen waren, so sagen es zumindest die Legenden.

Ich wohnte eine Woche in einer zauberhaften Anlage, die so romantisch war, dass ich mir zumindest in jenen Tagen gewünscht hätte, mein damaliger Freund wäre dabei gewesen. Es wären typische "Honeymoon"-Tage gewesen.

Die Anlage befand sich inmitten eines botanischen Gartens, indem in der Mitte das Schwimmbecken gebaut war. Man glaubte, hier in einer menschenverlassenen Lagune zu schwimmen. Die Anlage selbst war aus für mich unerklärlichen Gründen tatsächlich fast menschenleer und so konnte ich mich während des Schwimmens meditativ entspannen. Sie bestand aus hölzernen Bungalows und ich konnte von meiner Terrasse aus direkt - ohne eine Stufe hinabsteigen zu müssen - auf den Weg durch die Gärten zum Schwimmbecken kommen.

Ende Oktober flog ich dann von Lahaina nach Kona auf die Hauptinsel von Hawai'i. Ich war ganz in der Nähe des Hotels des "Königs Kamehamea II", wo hauptsächlich Skandinavier einquartiert waren. Hier war auch ein wunderbarer Strand. Von Weitem sah ich ein "Heiau", das ist eine heilige Stätte, die ich später, verbotener Weise besuchte, indem ich hin schwamm und über die Mauer stieg. Dort fand ich heraus, dass die Eingeborenen noch immer Opfer darbrachten und zwar in Form von Blumenkränzen, Macadamia-Nüssen und anderen Früchten. Später sollte ich noch einige solche Stätten in Hawai'i sehen. Gerade hier, wo ich mir nichts erwartete, wurde ich am meisten überrascht, nicht nur, weil ich hier den besten Kaffee meines Lebens getrunken hatte.

Bei der Durchreise durch die Insel sah ich die faszinierenden Krater der Vulkane, die Schwefeldämpfe am Kilauea und mehr im Norden sogar Magma. Ich sah die schwarzen, glatten Lavaplatten am Strand im Osten, wo ich baden konnte und war im Observatorium am Mauna Kea, von wo aus ich die Caldera sah. Hier lebt Göttin "Pele" noch, eine weibliche Hauptgottheit der Hawaiianer, eine Feuergöttin. Überall konnte man sehen, dass die Religion der Ureinwohner noch lebendig war, wenn sie auch im vorigen Jahrhundert schon fast verschwunden schien, da im vorvorigen Jahrhundert die Missionierung des Christentums sehr vorangetrieben wurde. Hier auf der großen Insel gab es auch die älteste Kirche. Da sie in Kona war, besuchte ich sie einige Male, denn sie war am Weg zur alten Innenstadt.

Die alten Heiaus, die heiligen Stätten der Priester, die gleichzeitig auch als Asyl für Flüchtlinge gedient hatten, waren nun leer. Es wohnten auch keine Kahunas mit deren Adepten mehr dort, denn die hielten sich noch immer verborgen. Zu sehr waren sie in der Zeit der Missionierung verfolgt worden. Diese heiligen Plätze waren beeindruckend mit ihren vielen Totempfählen, die hier "Akus" hießen. Sie waren immer an der Küste gebaut worden.

Bei meiner Rundreise war ich in Höhlen mitten im Regenwald, auf Kaffeeplantagen und in Orchideengärten. Als ich wieder in Kona war, stellte ich fest, dass sich jeden Tag eine Gruppe von Lei-Bindern am Platz vor der Kirche befand. Leis sind die traditionellen Blumenkränze, die Glück bringen sollten, aber auch für Rituale dienten, als Opfergaben und im Allgemeinen wa-

ren sie ein Hinweis darauf, dass sich der Träger eines solchen zur alten Tradition bekannte. Solche Leis gibt es auch aus Muscheln, aus Farnen und vor allen Dingen für Männer aus Macadamia-Nüssen. Es freute mich, viele einheimische Männer mit solchen Kränzen und langen Haaren, die ebenfalls ein Bekenntnis zu ihrer alten Tradition sind, zu sehen.

Sie mussten mich ebenfalls wieder beobachtet haben, denn eines Tages begrüßte mich der große Mann, der offensichtlich der Leiter dieser Gruppe war, freundlich und fing mit mir ein Gespräch an. Später stellte sich heraus, dass er tatsächlich ein Eingeweihter einer Art des Kahuna-Wissens war, denn es gibt ja viele Arten von Kahunas. Bevor er mit seiner Gruppe wieder abreiste, überreichte er mir zwei Ilima-Blüten, als Zeichen eines Begrüßungsrituals. Es war nur ein kleines Geheimnis, in das ich später eingeweiht wurde, das Geheimnis eines Orakels. Es hatte nichts mit hoher Magie zu tun. Trotzdem war es eine große Freude für mich und ich werde es nie vergessen.

Am Tag vor der Abreise dieser Gruppe, wenige Tage bevor ich selbst nach Oahu zurückflog, um meine Heimreise von Honolulu nach Wien anzutreten, setzte ich mich mit ihm zusammen - am Platz unter dem Baum vor der Kirche. Wir sprachen nicht viel, sondern tranken Kaffee zusammen und blickten aufs Meer. Er summte ein bestimmtes Lied.

"Das ist ein Lied für dich", *erklärte er mir.*

"Merke dir die Melodie, sie wird dir in Zukunft viel helfen, wenn du in der Natur nach Antworten suchst."

Dann verabschiedete ich mich, um zurück ins Hotel zu gehen, ohne zu wissen, dass ich ihn nie wiedersehen würde. Er hatte mir nichts von seiner Abreise gesagt. Abends nach dem Duschen, als ich schon im Bett lag, summte ich die Melodie, um sie auch wirklich zu behalten und bald kam ich in einen Traumzustand, wobei eine uralte Erinnerung an eine Zeit auftauchte, wo es laut unserer Geschichte noch keine Menschen gegeben hätte. Doch ich sah etwas anderes:

Mit nackten Füßen stand ich am Sandstrand eines Sees. Mein Name war "Liran" und ich war eine sehr junge Frau, hell, doch leicht gebräunt von der Sonne, mit braunem, langem Haar bis zu den Hüften. Es war angenehm warm, aber nicht zu heiß, gerade so, dass man sich mit einem dünnen Hauch von Kleid, so wie ich eines trug, wohl fühlte. Es war ein langes, weites Kleid, rot gefärbt und dünn wie Baumwoll-Gaze. Aufgrund der leichten Brise umspielte es meine Beine. Ich trug eine Schale aus Holz, meine Handgelenke waren mit Farnranken geschmückt, ebenso mein Hals und in den Haaren trug ich rechts hinter dem Ohr eine rosa Blüte. Diese Blüten wechselte ich je nach Laune und der Farbe meines Kleides.

Ich war etwa achtzehn Jahre alt und im Sand saß ein kleiner Junge, mit etwa vier Jahren. Das war mein kleiner Bruder. Ich holte Schilf vom Ufer, das ich geschickt mit einem Messer, das ich immer am Hüftgürtel trug, abschnitt und in die Schale warf. Dieses Schilf diente als Beilage zum Essen. Dabei wurden nur die Spitzen verwendet, die langen Schäfte dienten zum Bootbau und eventuell für kleinere Hütten, denn unsere Häuser waren keine primitiven Schilfhütten, sie waren aus Stein und in Form von eher hohen Türmen gebaut, wobei in den oberen Stockwerken sich meistens Schlafräume befanden. Sie hatten runde oder ovale Fenster. Als Hauptmahlzeit gab es meistens Fisch vom See oder große Vögel. Flora und Fauna war anders als wir sie jetzt kennen. Auch der Himmel schien nicht so blau zu sein, sondern eher rosa, etwas dunstig, so als sei er ewig in Morgenrot getaucht.

Hinter dem sandigen Strand wurde der Boden lehmiger und es wuchsen hohe Bäume, auch Palmen, die Ölfrüchte lieferten und viele bunte Blumen. Zwischen den Hainen bauten wir unsere Häuser und Gärten.

Wir waren ein zufriedenes und friedliebendes Volk und aufgrund der Bevölkerung, die ungleich mehr aus Frauen bestand, war es ein Matriarchat. Wir hatten ein Gesetz, nämlich niemandem zu schaden und unser Glauben war so, dass wir in allem und jedem das Spiegelbild des Universums sahen. In fast kindlich naiver Art glaubten wir an das Gute und dachten, wenn wir nur Gutes täten, würde die Welt ebenso nur Gutes für uns spiegeln. So war es auch eine lange Zeit, bis die Natur einen Ausgleich forderte.

Wir lebten in großen Gemeinschaften und die Kinder wurden von den älteren Geschwistern mit erzogen. Meistens war nur ein Mann der Vater vieler Kinder, da es ja fast keine Männer gab. So durfte ein Mann neben einer Hauptfrau auch viele Nebenfrauen haben, aber wenn sie alt wurden, legten sich die Männer meistens auf eine Frau fest, nämlich auf die, die sie wirklich von ganzer Seele liebten. Aber bis dahin waren längst junge Männer die biologischen Väter der neuen Kinder und die Frauen der alten bekamen längst keine Kinder mehr, obwohl sie alle sehr lang lebten. Sie lebten harmonisch und im Gleichgewicht der freundlichen Natur, da sie ein sehr gemäßigtes Klima hatten auf dieser großen Insel.

Es gab auch keine besonders gefährlichen Tiere, zumindest wagten sich die wirklich gefährlichen Wildtiere nicht in die Siedlungen der Menschen. Auch gab es keine giftigen Spinnen und Schlangen. Obwohl wir intelligent waren und Künste und Techniken entwickelten, waren wir zufrieden und nicht vom Ehrgeiz zerfressen, noch mehr haben zu wollen. Wir kannten keinen Grundbesitz. Eine Regierung in dem Sinne gab es auch nicht, es gab einen "Rat der Alten", der aus den weisesten der Frauen und wenigen Männer bestand. Dieser Rat konnte durch Wahl jederzeit erneuert werden.

Wir kannten Metall, vor allen Dingen die Edelmetalle und deren Verarbeitung, aber auch Bronze. Wir wussten auch, wie man Transportfahrzeuge machen konnte, die auf Kugeln rollen konnten. Allerdings kannten wir keine Zugtiere, aber durch das Hebelgesetz wussten wir, wie wir Fahrzeuge mittels Gegenzug und Seilen durch mechanische Kraft bewegen konnten, so dass sie eine Art "Oberleitungsfahrzeug" darstellen. Auf die gleiche Art konnten wir Fahrstühle benutzen. Wir hatten sogar eine Schrift, wenn auch im allgemeinen nur eine Art "Morseschrift", Knoten auf Fäden, die wiederum an einer Kette hingen.

Außerdem hatten wir noch eine Symbolsprache, die wir durch Zeichen auf eine Art Papier, gemacht aus Palmblättern, malen konnten. Farben hatten wir genug aus Früchten, vor allen Dingen rote Farben und Indigo-Blau. Wir hatten Haustiere wie Ziegen, Hühner und Tauben, die wir tatsächlich schon zu "Brieftauben" ausbilden konnten beziehungsweise wussten wir, wie man deren natürliche Veranlagung als "Postboten" ausnutzen konnten.

Ich hatte nur diesen einen Bruder, aber viele Halbgeschwister von den anderen Frauen meines Vaters und ich liebte ihn sehr. Sein Name war "Makino".

Ich hielt mir die Hand wie einen Schirm über die Augen, um von der Sonne nicht geblendet zu werden, denn ich wollte auf die andere Seite des Sees blicken, die im Westen lag, wo jetzt die Sonne stand. Dort befand sich eine benachbarte Siedlung und auf ihr lebte ein junger Mann, der erst zwanzig war. Aber er war schon mit einer Frau verheiratet und Vater eines kleinen Mädchens. Dieser junge Mann war, als er mich vor einem Jahr sah, gerade als ich meinen siebzehnten Geburtstag feierte, ebenfalls sehr angetan von mir. Er wollte mich als zweite Frau heiraten und ließ das auch meinen Eltern wissen. Ich war nicht nur geehrt dadurch, ich hatte mich ebenfalls verliebt, erbat mir jedoch Bedenkzeit. Eigentlich fühlte ich mich noch zu jung für eine eheliche Verantwortung, denn das hieß auch, wahrscheinlich schon ein Kind zu bekommen.

Dennoch blickte ich auf die gegenüberliegende Ansiedlung, denn ich hoffte, ihn am Strand zu sehen. Dazu war ich zum Bootssteg hinauf geklettert.

Wahrscheinlich würde ich bald Jahr "ja" sagen, ging mir durch den Kopf. Mein Herz klopfte schneller, als ich an ihn dachte. Er war ein schöner Mann mit langem, schwarzem Haar und muskulöser, hoher Gestalt und einem feinen Antlitz, das viel Einfühlungsvermögen versprach. Außerdem war er bekannt dafür, klug und ideenreich zu sein.

Das Schilfboot meiner Mutter wiegte sich leicht im Wind. Plötzlich sah ich von der Ferne Rauch aufsteigen. In dem Moment begann es zu grollen und ich hörte dieses Geräusch überall, sogar unter mir im Boden.

Schnell lief ich zu meinem Bruder und schnappte ihn, hob ihn auf und ging mit ihm ins Wasser in Richtung Boot. Nur zwei Meter vor dem Ufer brach die Erde auseinander. Erschrocken und dennoch blitzschnell watete ich zum Schilfboot hin. Ich hob meinen Bruder hinein und befahl ihm, ruhig sitzen zu bleiben. Dann kletterte ich selbst ins Boot, das stark wankte, weil ich nicht vom Steg aus hinein stieg, sondern mich von der Seite hineinwarf, das ich ja im Wasser war. Das war aber mein Glück, denn der Steg riss ebenfalls entzwei und von Weitem sah ich, wie der Vulkan in der Ferne Feuersglut ausspuckte und spürte, wie der Boden noch mehr erschüttert wurde vom Erdbeben.

Der Meeresboden, wo ich noch vor einigen Sekunden bis zu den Hüften im Wasser stand, verschwand augenblicklich, aber wir waren schon im Boot. Es war schauderhaft und kaum zu beschreiben, was sich in den nächsten Minuten, oder waren es nur Sekunden, abspielte. Das Boot schaukelte, denn die Wellen klatschten unvorstellbar hoch rund um das Auslegerboot. Von der Ferne sah ich gestikulierend Menschen aus den Gebäuden am Strand gegenüber flüchten, doch vor ihnen riss ebenfalls der Boden auf und verschwand im Wasser. Wenige kamen überhaupt zum See, das jetzt zum Meer wurde und die wenigsten konnten ihre Boote erreichen. Die gegenüberliegende Seite verschwand jetzt vor meinen Augen im Grollen der Erdumwälzungen. Dann war nichts wie Dunkelheit. Wasser war überall - haus-

hoch. Die Wellen klatschten herein und wir wurden total nass. Das war aber die geringste Sorge. Man sah nur noch das Licht des funkensprühenden Vulkans. Ich ruderte und ruderte, obwohl ich nicht recht wusste, wohin. Auf jeden Fall weit weg vom Ufer. Den inzwischen weinenden Bruder hatte ich mit meinem Gürtel an mich gebunden, um ihn nicht auch noch zu verlieren. Es entstanden immer mehr Wellen und ich musste darauf achten, dass das Wasser uns nicht wegspülte. Zum Kentern brachten die Wellen das Boot nicht, denn es hatte links und rechts Ausleger, die mit einem hohen Steg verbunden waren.

Viele Stunden vergingen, als ich plötzlich von einem Koma-artigen Erschöpfungsschlaf aufwachte. Ich erinnerte mich, wie ich stundenlang gegen das Wasser ankämpfte, ewig auf und ab im Geschaukel der haushohen Wellen und völlig im Dunkeln. Das Grollen wurde weniger, es hörte sich an, als sei der Ort des Geschehens schon weit entfernt, aber inzwischen war es so finster, dass ich nicht einmal die spritzenden Funken des Vulkans sahen, auch kein Sternenlicht. Ich konnte nichts machen, nur acht geben, dass ich nicht aus dem Boot fiel mit meinem noch immer angebundenen Bruder. Irgendwann musste ich eingeschlafen sein, als der Körper nicht mehr konnte.

Ich wurde aber fröstelnd munter, denn es war kalt geworden. Auch mein Bruder war aufgewacht und weinte wieder. Ihm war auch kalt. Wir hatten zwar zusammen-

gekuschelt geschlafen, aber während der vielen Stunden war die Kordel, aus der mein Gürtel bestand und mit dem ich meinen Bruder an mich gebunden hatte, aufgegangen. Ich erschrak und hatte Angst, dass er hinaus stürzen könnte, aber das Wasser war jetzt relativ ruhig. Ich drückte ihn an mich und tröstete ihn, obwohl ich jetzt selber weinen musste. Weit und breit sah ich nur Dunkelheit und mein Bruder rief nach unserer Mutter, aber wir waren ganz allein. Zudem spürten wir Hunger und Durst.

Ich hatte Schilf im Haar, denn ich hatte den Kopf in der flachen Schale gehabt, die weich gepolstert war von den Schilfspitzen, die ich vor der Katastrophe noch abgeschnitten und in die Schale gelegt hatte. Die Schale gab ich ins Boot, als sie voll war, während dessen ich am Steg stand und das Geschehen am Strand der gegenüberliegenden Siedlung beobachtete. Dieses Schilf war jetzt unsere Rettung. Ich nahm eine Spitze für meinen Bruder und gab sie ihm zum Lutschen und eine nahm ich für mich. Es war genug Wasser drin, um den Durst für eine Weile zu stillen. Gegen den Hunger war er nicht so geeignet, denn das ungekochte Schilf war hauptsächlich Zellulose. Immerhin konnten sie daran kauen, denn der Saft war wenigstens etwas zuckerhältig.

Makino hörte auf zu weinen und ich sagte ihm, dass wir bald Zuhause sein würden. Das war gelogen, aber was sollte ich kleinen Jungen sonst sagen? Ich unter-

drückte meine eigenen Tränen, um ihm Hoffnung zu machen, obwohl ich selbst verzweifelt war.

Von den Alten hatte ich oft abends beim gemütlichen Zusammensitzen aus deren Geschichten gehört, dass es in manchen Jahren Naturkatastrophen gegeben hatte, aber nie hatte jemand von einer Katastrophe dieses Ausmaßes erzählt. Sie sagten, dass sich die Wesen der Elemente, das waren Himmel, Erde, Feuer und Wasser, über etwas erzürnten und die Menschen bestrafen würden mit solchen Katastrophen.

Sie erzählten, dass es notwendig sei, diesen "Göttern", wie sie sie nannten, manchmal Opfer zu bringen, um sie den Anliegen der Menschen gewogen zu machen. Diese Opfer waren Blumen, Nüsse und andere Früchte, Wasser, gekochtes Getreide und andere Gaben, um ihrer zu gedenken und von ihnen Hilfe in allen Bereichen erwarten zu können. Auch "Beten" sollte nützen. Das ist ein Gespräch mit ihnen, das sich für die meisten aber einseitig gestaltete, denn die Antwort war für Nicht-Schamanen nicht hörbar. Daher gestaltete sich das Beten meistens nur in Form von Bitten und der Zuversicht der Erfüllung.

Ich glaubte eigentlich nie an die Wirksamkeit von Gebeten, denn ich hatte nie solch mächtige Wesen gesehen. Aber die Alten sagten, dass man diese Wesen normalerweise auch nicht mit unseren Augen sehen könne, allerdings gäbe es einige Menschen, das waren die soge-

nannten "Schamanen" in dieser Zeit, die mit den Göttern und den Wesen der Elemente Kontakt aufnehmen könnten. Meistens gab es nur eine Frau, seltener einen Mann in einem ganzen Dorf, der diese Gabe hatte. Der suchte sich eines Tages eine geeignete Schülerin oder einen Schüler aus, um ihr oder ihm das "Sprechen mit den Göttern" zu lehren, sowie die Deutung von Zeichen, die die Elementarwesen zu den Menschen sandten, um die Nachfolge einer Schamanin oder eines Schamanen zu sichern.

Ich wusste nicht mehr annähernd, wie viel Zeit vergangen war, denn Tag und Nacht waren kaum zu unterscheiden. Immerhin konnte ich am Tag gerade soviel sehen, dass ich die Linie sah, die den Horizont ausmachte und diese war ganz eben, kein Anzeichen von einer Erhebung, wo man Land vermuten könnte, egal in welche Himmelsrichtung. Ich schaute rundherum, aber da war nichts als Wasser. Ich weinte leise, aber mein Bruder nahm es wahr und weinte sofort mit. Da beherrschte ich mich wieder und sagte ihm tröstende Worte. Wir froren in der Nacht, dabei hatte ich mein weites Kleid schon über dem Knie abgerissen, damit ich mich besser bewegen konnte. Den breiten Streifen konnten wir als Decke verwenden, auch wenn sie sehr fein war. Die Trompeten-förmigen Ärmel hatte ich ebenfalls abgerissen und ich konnte damit meinen Bruder einwickeln, um ihn so vor Kälte zu schützen. Er hatte ja selbst nichts anderes wie ein langes Hemd an.

Es vergingen Tage und die abgelutschten Schilfspitzen, die wir nicht wegwarfen, lutschten wir immer wieder. Sie gaben aber nichts mehr her und inzwischen litten wir mehr an Durst wie an Hunger. Das Wasser, von dem wir umgeben waren, war nicht genießbar. Als ich es kostete, spuckte ich es prustend wieder aus. Es war nämlich salzig. Darum war ich verzweifelt und in dieser Not, wo ich mich dem Tod nahe fühlte, wusste ich nichts anderes mehr, als mich an die Götter zu wenden und ich erhob meine Arme und sprach laut:

"Ihr Elemente des Wassers - bringt uns Fische und Algen zum Essen und gebt uns Regen zum Trinken, sonst werden wir verdursten. Ihr Elemente des Himmels, klärt die Luft, damit wir sehen können und lasst die Sonne wieder scheinen. Ihr Elemente des Feuers - bringt uns Wärme, aber verbrennt uns nicht. Ihr Elemente der Erde - lasst uns Land finden und Nahrung, wir verhungern sonst. Ich kann nichts mehr von mir selbst aus machen, ich kann nur mehr auf Euch zählen.

Bitte, helft uns!

Helft uns jetzt!"

Das schrie ich mehr als ich es sprach und dann fiel ich sogar schluchzend vor Verzweiflung auf die Knie. Ich war hilflos und das wusste ich auch. Makino kam zu mir, legte sein kleines Händchen auf meinen Rücken und sagte:

"Liran, wir kommen nach Hause"!

Ich nahm ihn in die Arme und lächelte. Er war so lieb.

"Ja" sagte ich, "wir kommen bald nach Hause."

Seine kindliche Zuversicht hatte mich getröstet.

Irgendwann schliefen wir wieder ein und als ich morgens aufwachte, zumindest dachte ich, es sei morgens, denn ich sah ganz leicht die Sonne durch das Grau, war es zumindest so hell, dass ich das unendliche Wasser sehen konnte. Makino schlief noch und ich ging auf den Steg über die Ausleger, um höher stehen zu können und schaute rundherum, um vielleicht etwas sehen zu können. Da war nur Horizont, keine Erhebung, nichts. Doch nach einiger Zeit sah ich Vögel. Ich sah tatsächlich Vögel!

Mein Herz sprang vor Aufregung, denn das zumindest wusste ich: Wo Vögel waren, war auch Land. Ich nahm aufgeregt das Ruder und paddelte in Richtung des Vogelschwarms. Nach einiger Zeit sah ich wirklich eine winzige Spitze am Horizont.

"Land, Land...." jauchzte ich und nahm meinen Bruder in die Arme.

"Wir kommen nach Hause," sagte ich zu ihm.

Es war nur mehr eine Frage von Stunden, bis wir tatsächlich diese Insel erreichten. Wir fanden eine Bucht, wo wir anlegen und an Land gehen konnten. Es schien unbewohnt hier. Nun, wo wir uns dem Land genähert hatten, spürten wir wieder Wärme und als wir jetzt im

Sand gingen, war es sogar sehr warm, obwohl der Himmel noch grau war, voll von Vulkanasche. Als wir zwischen den Sträuchern die ersten mir bekannten Beeren fanden, verschlangen wir sie gierig. Wir waren am Verdursten. Endlich fanden wir eine Quelle, wo wir trinken konnten. Einigermaßen gestärkt suchten wir weiter nach Essbarem und wir hatten Glück. Überall fanden wir essbare Wurzeln in der Umgebung. So konnten wir überleben. Dann schliefen wir im Schatten eines Baumes ein, halbwegs gesättigt, müde und erleichtert.

In den nächsten Tagen stellten wir fest, dass wir hier überleben könnten. Tagsüber war es immer sehr warm, aber auch nachts war es nicht kalt und wir mussten fast kein Feuer machen. Ich konnte das, obwohl ich nur Holz hatte. Ich wusste, wie man Holz an Holz reiben konnte, bis ein Funken trockenes Feuerholz entzündete. Zum Glück gab es hier nicht viel gefährliche Tiere, nur einmal mussten wir uns vor Wildschweinen verstecken. Ich konnte auch mit der Hand Fische fangen, wenn ich eine seichte Bucht fand mit viel Fischreichtum. Dann konnten wir sie am Feuer braten und sich richtig satt essen.

So sind wir wohl tagelang an der Küste entlang gewandert und Makino musste sich schließlich damit abfinden, dass das sein neues Zuhause sein würde. Schließlich trafen wir auf Menschen. Diese sprachen eine ähnliche Sprache und nahmen uns beide in ihr Dorf. Sie wussten, dass wir eine der wenigen waren, die dieser Katastrophe entgangen waren, denn auch für sie war das nicht unbemerkt geblieben, was in der Entfernung geschah. Sie erklärten mir, dass sie das Glück gehabt hätten, in den Bergen gewohnt zu haben und da, wo sie jetzt sind, wäre eigentlich ein gebirgiges Land gewesen, zwar noch nicht so hoch wie im Inneren, aber es hätte eine hohe Seehöhe gehabt. Das Tal aber sei überall versunken und die meisten Menschen seien ertrunken. Einige wenige, die rasch genug waren, um hinauf zu flüchten, konnten sich retten und einige wenige seien auf Booten gekommen, so wie sie.

Also sind wir auf einer kleinen Insel gelandet, die einst zu einem großen Kontinent gehörte, höchstwahrscheinlich zum selben Kontinent wie alle, die hierher flüchten konnten.

Es gab eine Reihe solch kleiner Inseln, die einst Bergspitzen waren und das Tiefland des großen Kontinents bildete nun den Meeresgrund. Alle Städte und Dörfer dort waren versunken. Makino und ich haben auf dieser Insel eine neue Heimat gefunden. Diese gehörte zu einer der vielen polynesischen Inseln.

Dann wurde ich durch ein Geräusch aus dieser Vision wach. Irgendwie hatte ich das Gefühl, dass es noch nicht zu Ende war mit dieser Geschichte und ich ärgerte mich wegen dieses Geräusches, das mich in die Realität brachte. So versuchte ich, mich mit Absicht in jene

Zeit zurück zu versetzen, was mir auch tatsächlich gelang. Nach einigen Minuten stieg ich in die Fortsetzung der Geschichte ein:

Es musste einige Zeit vergangen sein. Ich war inzwischen eine reife Frau von achtunddreißig und Makino war ein junger Mann, gerade vierundzwanzig geworden.

Bald nach der Ankunft hatte ich einen jungen Mann kennen- und lieben gelernt und wir wurden ein Paar. Ich war die einzige Frau von ihm, sein Name war "Kahameo". Bald bekam ich zwei Söhne, die nur ein Jahr auseinander waren. Die waren zu dieser Zeit bereits siebzehn und achtzehn Jahre alt.

Die Gesellschaft hatte sich seit diesem Geschehen auch verändert. Dadurch, dass mehr Männer wie Frauen die große Katastrophe erlebt hatten, teils weil sie gerade auf der Jagd waren oder beim Fischen, während die Frauen zu Hause waren bei ihren Kindern, teils weil die Frauen die Strapazen nicht überleben konnten, wurde sie bald hauptsächlich von Männern bestimmt. Auf der anderen Seite war jetzt eher die Einehe die Regel, denn es gab mehr Männer wie Frauen für einige Generationen. Es wurde etwas eng auf den Inseln und dadurch entstanden auch Rivalitäten, die es vorher im Matriarchat nicht gab. Es war nicht Land genug für alle da und *es entstanden Privilegien für gewisse Familien, die hier das Sagen hatten.*

Makino hatte nie seine wirkliche Heimat vergessen, die er aber nie mehr sehen konnte und unbewusst suchte er immer. So sammelte er eine Mannschaft, mit der er über das Meer segeln wollte, auf der Suche nach einer neuen möglichen Heimat, die genug Nahrung bot und Platz für viele Menschen. Bald konnte er einige junge Leute finden, Frauen und Männer, die dasselbe Interesse hatten. Dazu bauten sie viele Auslegerboote, die hochseetüchtig waren. Alle hatten einen breiten Steg, auf den man sogar eine Hütte bauen konnte, die einem vor Wind und Wetter schützte und ein Lager mit Lebensmitteln und Wasser sowie lebenden Hühnern und Ziegen. Auch die Ausleger waren noch beschickt mit Waren.

Sie wollten aber auch einige ältere Menschen mitnehmen, schon weil sie Leute brauchten, die noch das "alte Wissen" hatten, sei es über die Mächte der Elemente oder über die Schifffahrt, die Sternenkunde, die Heilkunde, die Architektur und einiges mehr. Ich, mein Mann Kahameo und meine zwei Söhne sowie einige andere Elternpaare der jungen Mannschaft waren dabei, dieses Abenteuer noch zu wagen.

So begannen wir das Abenteuer einer großen Seefahrt, zum Glück wirklich gut ausgerüstet, denn die Fahrt war sehr lang und weit. Nicht tagelang, sondern wochenlang ging die Reise. Nicht alle blieben zusammen, nach einigen Wochen trennte sich ein Teil der Mannschaft, um eine andere Richtung einzuschlagen. So fuhren wir zuerst nach Süden, wo sich später ein Teil von uns trennte und in den Osten fuhr, ein anderer Teil in den Westen und ein Teil noch weiter südwärts.

So kam Makinos Mannschaft, wo auch ich und meine Familie dabei war und die den Weg nach Südosten einschlugen, zu der Küste eines großen Kontinents, dem heutigen Südamerika und zwar auf der pazifischen Seite. Es könnte die Küste sein, an der die heutige Hauptstadt Perus liegt, Lima. Wir fanden dort ein weites Land, das ihnen alles zu geben schien, was sie brauchten und auf den ersten Blick menschenleer zu sein schien. Es war heiß hier, aber überall hatte sich das Klima geändert. Konnte ich mich noch auf ein gemäßigtes Klima in meiner alten Heimat erinnern, so erfuhr ich später nur noch Hitze. Am Meer war es kühl gewesen, aber hier am Land war es wieder heiß und schwül. Hier schlugen wir uns durch die Vegetation und erlebten auch, dass hier die Tierwelt eine andere war. Es lauerten große Gefahren, denn es gab giftige Schlangen und gefährliche Raubtiere, vor denen wir uns schützen mussten. Einige mussten mit dem Leben bezahlen, doch wir gingen weiter vom Meer weg, weiter in das Gebirge im Hinterland. Hier wurde es trockener und kühler, allerdings ging es nur langsam voran, wahrscheinlich brauchten wir mehr als ein halbes Jahr, bis wir an dem Bestimmungsort ankamen, wo wir uns niederließen.

So kamen wir in fruchtbare Täler. Überall fanden wir Quellen mit Süßwasser sowie Jagd- und Weidegründe für unsere Ziegen. Wir kamen in immer höher gelegenes Gebiet, in die heutigen Anden. In diesem Land gab es auch gefährliche Raubkatzen, Pumas. Wir hatten noch nie vorher so gefährliche Tiere gesehen. Eine Schamanin mit den Namen "Die mit der Luft spricht" versetzte sich in Trance und kam so mit den Tieren des Waldes in Kontakt, unter anderem mit dem Puma. Sie hatte keine Angst mehr vor ihnen und tatsächlich, sie schienen vor ihr Respekt zu haben. Nun gaben wir ihr den Namen "Die mit dem Puma eins ist". Zu Ehren des Pumas machten wir Rituale und er wurde unser "heiliges Tier", unser Totem.

Schließlich kamen wir in ein Gebiet mit vielen grünen mattenartigen Wiesen, wo viele Bäche dazwischen flossen, durchwachsen mit Bäumen. Die Landschaft gab viel her an Wasser, grünes Weideland für die Ziegen und Hühner und wir fanden auch etwas, was wir kannten: Schilf. Nach kurzer Zeit gewöhnten wir uns an die sauerstoffarme Luft hier und wir konnten normal arbeiten, da sich unser Blut umbildete. Wir bauten runde Schilf- und Steinhütten, nur nicht so hoch wie in unserer alten Heimat und machten uns sesshaft mit unseren Tieren.

Nach einigen Monaten stellten wir fest, dass es hier auch noch eine kältere Jahreszeit gab. Wir waren in der warmen Jahreszeit angekommen. Wir kamen daher auf die Idee, die Wolle der hier einheimischen Tiere zu nutzen, indem wir sie zähmten und ihr Fell scherten. Dann spannen wir Wollfäden und erfanden das Filzen und stricken mit Holzstäben. Mit der Zeit färbten wir auch die Wolle mit Pflanzenfarben, so wie in unserer alten Heimat, denn wir liebten die Farbenpracht.

In späteren Generationen erlebten wir, wie ein anderer Volksstamm vom Tal herauf wanderte. Es waren relativ dunkelhäutige Menschen, die eine andere Sprache und eine andere Kultur hatten. Sie waren auch kleiner gewachsen als wir. Sie waren zwar in der Überzahl, verhielten sich aber respektvoll gegenüber uns, die wir vergleichsweise großgewachsen und hellhäutig waren. Als wir uns später verständigen konnten, erfuhren wir, dass wir von ihnen "Das Volk aus den Wolken" genannt wurden.

Wir wurden von ihnen befragt, wo wir denn her kamen. Wir wollten ihnen erklären, dass wir über ein großes Wasser gekommen seien, aber das verstanden sie nicht. Also erklärten wir ihnen, wir kämen von weit her und seien nun schon lange hier ansässig, was ja auch stimmte. Wir erklärten ihnen noch, dass wir von Westen kämen und zeigten in den Himmel, dort, wo die Sonne unterging.

Das dunkle Volk erzählte uns, dass sie schon sehr lange unterwegs wären und von einem sehr heißen grünen Land kämen, das sehr gefährlich sei, viel gefährlicher als hier in den Bergen und sie deuteten uns, dass sie vom Osten kämen.

Die Menschen aus dem Osten, überhaupt die Männer, hatten Gefallen an den großen, hellhäutigen Frauen unseres Volkes und begehrten diese als Ehefrauen. Zum Zeichen des Friedens wurden die Frauen aus meinem Stamm mit den Mächtigsten der dunkelhäutigen Sippe verheiratet. So wurden wir vermischt und vermutlich entstand daraus viel später ein mächtiges Prä-Inca-Volk wie das der Moche, Dieses Volk hatte berühmte Herrscher wie Senor de Sipan und auch eine Frau als Herrscherin ist bekannt,"Senora de Cao". Ihre gut erhaltene Mumie wurde erst vor einigen Jahren gefunden. Das Prä-Inca-Volk zog langsam an der Westküste entlang weiter nach Norden.

gemalt und fotografiert von: Eva Lene Knoll

Bevor ich in selbst in Peru war, es war circa 15 Jahre später als meine Reise zu den hawaiianischen Inseln, hatte ich kurze Einblicke, wo ich mich selbst hoch oben in den Anden wiederfand.

Ich kam von unten durch gebirgige Wege hinauf und fand dabei rote Edelsteine, die ich mitnahm. Oben angekommen, war ein Bergdorf. Ich weiß nicht, warum ich wusste, dass es Peru war. Es wurde mir gesagt, einfach so als Stimme im Inneren, wie so oft. Ich ging durch das Dorf, kam in eine Gasse, die wiederum hinunter in ein Tal führte. Sie war nur geschottert und deshalb ziemlich unwegsam. Dabei fand ich eine Höhle. Ich kletterte hinein und sah, dass es mehr eine Grotte war, denn nach ungefähr 20 Metern war sie verschlossen, sie führte nicht mehr weiter. Ich setzte mich unweit vor dem Ausgang hin und betrachtete die Landschaft des Altiplano.

Mehr Einsichten bekam ich nicht. Als ich in Peru war, hoffte ich, doch noch eine Vision vor Ort zu sehen, so wie es in Hawaii war. Aber das war nicht der Fall. Weder in Nazca noch in Arequipa, obwohl ich dort Zeit hatte, alleine ein schamanisches Ritual mit Coca-Blättern zu machen. Aber es kam keine Vision und kein Traum, zumindest keiner, der mir etwas sagte. Dennoch war ich verwundert, als wir auf der großen Halbinsel am Titicaca-See in der Nähe von Puno den Aufstieg in ein Dorf machten, wo wir zwei Tage bei den Einheimischen wohnten. Ich erkannte die Landschaft und das Dorf, fand aber den Zusammenhang nicht. Manchmal sind es einfach eben nur Puzzles, die man nicht einfügen kann, weil noch etwas fehlt.

Weiters waren wir auch auf den Schilfinseln des Uro-Volkes, das sind Einheimische, die auf künstlichen Schilfinseln am Titicaca-See wohnten. Das war dasselbe Schilf, das ich in meiner Heimat vorfand, als ich Liran war und das uns das Leben rettete, als wir im Boot flüchten mussten und nur die Schilfspitzen als Nahrung und vor allem auch als wasserhältige Quelle hatten.

Ich fand aber keine roten Edelsteine, wie aus meinem Traum. Wahrscheinlich hätte ich auch Schwierigkeiten am Zoll bekommen, wenn ich sie mitgenommen hätte. Von Cuzco aus fuhren wir mit dem "Inca-Rail" in die neue Stadt "Maccu Picchu", wo wir dann einige Tage waren. Am Ankunftstag war ich sehr müde und da es abends war, schlief ich bald ein. Früh am Morgen fuhren wir ohnehin mit dem Bus hinauf in die alte Inca-Stadt. Eigentlich ist sie eine Prä-Inca-Stadt, denn sie wurde von den Incas schon verlassen vorgefunden, bevor sie auf den alten Ruinen, die jedoch besser den vielen Erdbeben stand hielten, als die neuen Gebäude, die Stadt wieder aufbauten. Keiner weiß, warum sie verlassen wurde.

Am nächsten Tag war es wunderschön. Ein blauer Himmel und warmes Wetter versprach uns eine schöne Aussicht. Es hätte auch anders sein können, denn es war bereits Herbst in Südamerika. Früh am Morgen kamen wir an und gingen durch die Passkontrolle, die seit einiger Zeit notwendig ist, um in die alte Stadt hinein zu kommen.

Wir stiegen die vielen Treppen hinauf, die noch relativ gut erhalten waren und besichtigten die alten Stätten. Von oben blickte ich in die weiten Täler und bewunderte die grüne Landschaft, die sich wie Matten auf die Gebirge legten und die Terrassen, die schon in uralten Zeiten für den Ackerbau angelegt wurden.

Es war ein Highlight. und eine vage Erinnerung an meine Traumvision kam dann doch am nächsten Tag. Als ich allein von der neuen Stadt abwärts durch die geschotterte Straße ging und dort tatsächlich in dem bewaldeten Gebirgszug eine Höhle oder eine Grotte erblickte, war ich einigermaßen erstaunt. Nur war es viel zu unwegsam, um dort hin zu kommen, es führte auch kein Weg hinauf. Am Nachmittag ging ich die andere Seite hinauf zu den Thermen. Es war ein längerer Aufstieg, aber als ich bei den "Aguas Calientes" ankam, wurde ich belohnt mit einer wunderschönen Aussicht und einem Bad in den verschiedenen Pools, gefüllt mit warmem Quellwasser. Der Boden der Pools war bedeckt mit Kieselsteinen, er war nicht betoniert wie bei uns oder aus Aluminium. Ich badete und tauchte den gan-

zen Nachmittag. Dabei fand ich zwei kleine schwarze (nicht rote) Kieselsteine, die ich mitnehmen durfte, wahrscheinlich winzig kleine Obsidiane.

fotografiert von: Eva Lene Knoll

3

ODEN - DIE FEEN-INSELN (THULE) - IM NORDEN

Bei der nachfolgenden Geschichte greife ich auch sehr weit zurück, denn diesen Traum, der wohl eher eine Vision war, erlebte ich in der Mitte der 80er-Jahre. Ich war noch relativ jung, aber wenigstens war ich finanziell stabil zu dieser Zeit. Das war später nicht immer so, denn die Zeiten wurden nicht besser. Allerdings befand ich mich in einem gefühlsmäßig labilen Zustand, denn ich hatte wieder einmal eine Trennung hinter mir. Ich suchte Ablenkung durch Reisen, was mir normalerweise auch gelang.

So war ich in kurzer Reihenfolge in Moskau, in Italien an der Riviera, in Spanien an der Costa Brava und in London. Damals hatte ich nur eine einzige Vision vor einer Reise erlebt - und die hatte ich vergessen, bis ich mich später wieder daran erinnern sollte. Allerdings war das erst nach ungefähr sieben Jahren. Auf diese Erinnerung komme ich noch zurück, aber damals reiste ich nach Schweden. In der Nähe von Stockholm lebte eine Freundin von mir mit ihrem Ehemann, der dort für längere Zeit in einem großen Unternehmen arbeitete. Sie hatten mich zu sich eingeladen. Nachdem ich also wusste, wo ich wohnen konnte - denn Skandinavien war und ist teuer - griff ich auf das Angebot zurück und entschloss mich, sie zu besuchen und bei ihnen zu wohnen, nicht im Hotel.

Es war im Frühling und es war bei uns in Österreich bereits sehr warm, sogar ungewöhnlich warm für Anfang Mai. In Schweden war es zwar kühler, aber angenehm frühlingshaft. Mein befreundetes Ehepaar holte mich am Flughafen ab und wir fuhren aufs Land.

Während dieser Woche sah ich nicht nur einige Sehenswürdigkeiten in Stockholm, wie ein Puppenmuseum und die berühmte "Wasa", ein altes Wikingerschiff, sondern auch das Land. Sie selbst hatten ein Haus mit einer Terrasse, die nach hinten ging und von der man in die anliegenden Felder sehen konnte. Dort sah ich auch einen Elch. Das werde ich nie vergessen, denn meine Freundin sagte mir, dass das sehr selten sei, auch in Schweden. Aber zu meinen Ehren wäre er eben gekommen, meinte sie und lachte.

Einige Tage später fuhren wir weiter in den Norden zu einer Bucht, wo sie ein Strandhäuschen hatten, um zu fischen. Ich hatte bis dahin noch nie gefischt und habe es seitdem auch nie wieder getan. Ich wurde dazu aufgefordert und so fischte ich in diesem Gewässer, wo die Fische haufenweise anbissen. Es waren durchwegs Heringe, sie nannten sie "Strömminge". Abends unterhielten wir uns mit einer einheimischen Familie, die sie kannten und kochten in ihrer Küche die gefangenen He-

ringe, die wir dann in eine Marinade eingelegten. Es bekam jeder seinen Anteil. Später fuhren wir wieder zum Haus meiner Freunde. Abends kochten meine Freundin und ich eine scharfe Bohnensuppe mit Paprika und Chili sowie Rind- und Schweinefleisch, weil uns das schwedische Essen nicht schmeckte. Dazu gab es allerdings nur das übliche, süßliche Brot.

Es regnete in den letzten Tagen und wir konnten nicht viel im Freien machen. In der vorletzten Nacht hatte ich dann die folgende Vision - als Abschied von Schweden sozusagen:

Ich lebte in einem Land, das wunderschön warm und fruchtbar war. Überall waren Wälder, Wiesen und Flüsse und der Himmel war blau und sonnig. Mein Name war "Ninwe" und ich war eine Fee in einem Auenwald. Hier lebten auch Mischwesen wie Elfen, Trolle, Kobolde, Zwerge, Undinen, Nymphen, Sylphen und Faune, genau so ein Volk, wie wir sie aus Sagen und Legenden kennen. Wir hatten besondere Begabungen und waren auch sehr feinsinnig. Mit normalen Menschen verkehrten wir zwar damals, aber auf lange Sicht kamen wir mit ihnen nicht zu Rande, denn sie waren zu materialistisch und grobsinnig. Wir haben als Teil des Ursprungsvolkes einen Evolutionssprung gemacht und sind aus mysteriösen Gründen zu solchen Mischwesen mit ungewöhnlichen Fähigkeiten mutiert. Die Legenden erzählen, dass vor langer Zeit ein Stern vom Himmel gefallen sei und die Menschen, die von dort gekommen seien, hätten diese Fähigkeiten und sie durch Mischung an uns weiter vererbt. Sie kamen von Sternensystemen, die man bei uns als Sirius, Orion und Plejaden kennt, daher haben wir auch sehr verschiedene Fähigkeiten, je nachdem, woher sie kamen, konnten sie entweder das Wasser, das Feuer, die Luft oder die Erde beherrschen.

Ich fühlte mich seit langer Zeit zu Gyllian hingezogen Er war ein Feenmann und fühlte sich besonders zu den Wasserelementen hingezogen, denn sein Großvater mütterlicherseits war aus dem Stamme der "Asrai", ein Wesen, das als Fee an der Luft und im Wasser leben konnte, da die Asrei amphibische Wesen waren.

Ich lebte in den Gärten und Hallen Odens, der schönen Stadt, die erbaut war aus weißem Marmor, verziert mit vielen Kunstwerken, wie Fliesenmosaike, Fresken und Statuen aus Alabaster. Ich kleidete mich gerne in den feinsten Stoffen, die es alle hier gab. Das waren Seide und fein gewebte Baumwolle. Ich trug auch gerne Geschmeide aus Gold und Silber, wie es aus den Bergwerken gefördert und von Künstlern zu Schmuck, wie Hals- und Armbänder, Diademe und Broschen weiter verarbeitet wurde.

Alle Feen waren geschickt in Kunst und Architektur und sie waren auch sehr bewandert in Astronomie und

Naturheilkunde, der Technologie des Bergbaues, der Metallurgie und vieles mehr.

Unser Leben war sehr glücklich und ich lebte zusammen mit meinen Eltern und Großeltern in einem Palast.

Gyllian lebte nicht in Oden, sondern meistens am Land in einem Wald im Süden der Insel, wo es angenehm kühl war in der heißen Jahreszeit. Manchmal war er aber auch im Schloss seines Onkels Donogars, nahe der Stadtgrenze von Oden. Wirklich kalte Jahreszeiten gab es damals auf den Feen-Inseln nicht und Gyllian lebte daher mit Vorliebe in einem Baumhaus und zwar sehr hoch oben. Das Baumhaus umfasste einige Stockwerke. Diese waren mittels einer Wendeltreppe, die um den mächtigen Stamm eines Baumes gewunden war, verbunden. Es gab auch einen Aufzug außerhalb der Außenwände des Holzgebäudes, von dem man bei jedem Stockwerk anhalten und durch eine Tür den Raum betreten konnte, sodass die Tür, wenn der Aufzug gerade an einem anderen Stockwerk hielt, wie ein "französischer" Balkon aussah.

Die Räume wurden bei Dunkelheit mit Lampen aus selbstleuchtenden Kristallen beleuchtet und die Türen waren nie verschlossen. Es gab Fenster, die aus einem glasartigen Material bestanden, aber es war nur eine Art festes Papier, das in einer Weise bearbeitet war, dass es durchsichtig oder zumindest durchscheinend wurde.

Die Holzwände waren außen mit Efeu-artigen Gewächsen umrankt und innen waren die Räume ebenfalls liebevoll mit Blumen und anderen Pflanzen sowie edlen Steinen und geschnitzten Figuren geschmückt.

Es gab Schlafräume mit begehbaren Kästen und Truhen und Bänken zum Sitzen, Küchen mit Tischen und Sesseln, wobei die Arbeitsplatten und die Herde zum Kochen entlang der Außenwände gebaut waren und der Tisch halbrund um den Baumstamm auf der anderen Seite des Aufzugschachtes stand. Rundherum standen üblicherweise bequeme Sessel und es gab auch hübsche Erker mit Schaukelstühlen oder anderen Sitzgarnituren darin. Es befanden sich auch Musikinstrumente oder kleine Regale mit Gegenständen in diesen Erkern. So ein Baumhaus konnte also aus mehreren Wohneinheiten bestehen, überhaupt, wenn es sich um Bäume handelte, die so groß wie vergleichsweise unsere heutigen "Mammutbäume".

Die Feen wohnten ebenfalls in Wäldern oder unterhalb der Erde in Hügeln, wie es auch die Zwerge und Kobolde taten. Diese Hügel bestanden entweder aus Felsen oder Erde beziehungsweise Lehm. Sie waren ebenfalls sehr natürlich und geschmackvoll eingerichtet, besonders dann, wenn die Wohnungen von Elfen oder Feen bewohnt waren. Elfen wohnten aber am liebsten hoch oben in Baumhäusern.

In den Wäldern gab es auch große Lichtungen, wo manche Geschlechter eines Feen-Volkes schlossähnliche Gebäude erbauten, oder sie bauten ihre Häuser auf Inseln oder Halbinseln. Nur die Wasserwesen bauten auch unter Wasser Mauern aus Gestein, Muschel- und Schneckenhäusern, die sie kunstvoll mit Perlmutt und Korallen verzierten.

Gyllian war ein wunderschöner Mann. Er hatte eine ganz helle Haut und war muskulös sowie von schöner, wohlgeformter Gestalt mit langen blonden Haaren, die wie Wellen weit über die Schultern flossen.

Ich lernte ihn in Donogars Reich kennen. Ich lebte ja in Oden und als ich eines Tages zu der Brücke kam, die über den Grenzfluss zu Donogars Reich führte, sah ich die Hügel mit den angelegten, paradiesisch anmutenden Obstgärten. Dahinter befand sich das weiße Schloss des Königs Donogar. Es war herrlich anzuschauen und es war nicht verboten, durch den Eingang durchzugehen, der in diesem Fall aus kunstvoll geschmiedetem Metall bestand und weiß angestrichen war. Der Türknauf war golden und die Mauern des Grenzwalls bestanden aus weißem Marmor. Es war erlaubt hineinzugehen. Wenn ein Eintritt wirklich verboten war, dann war er auch geschützt und zwar durch Magie. Wenn das der Fall war, wurde das auch durch spezielle Wächterstatuen angekündigt beziehungsweise durch echte, lebendige Wächter, wie Löwen, Drachen oder Wachhunde. Aber es gab auch andere Wächter, die wie Engel oder andere märchenhafte Wesen anzuschauen waren.

Magie war auf den Feen-Inseln anders als die, die man später bei uns als solche bezeichnete. Die Magie dort war echt und wirksam, sie wurde aber auch wirklich verantwortungsvoll verwendet und nicht missbraucht, wie später. Besonders im Mittelalter bei uns in Europa wurde Magie fast immer falsch verstanden und für egoistische Zwecke missbraucht. Sie wurde nicht im richtigen Sinne verwendet, dazu hatten die Menschen nicht das entsprechende Bewusstsein. Es gab allerdings Ausnahmen und die wendeten Magie auch an, wenn auch nur selten. Sie hatten sich dann den Menschen in verschiedenen Kontinenten oft als "Meister", als "Avatare" oder als "fleischgewordene Gottheiten", als "Messias" oder "Erlöser" oder als "Christus" gezeigt und wurden dann auch als "heilig" anerkannt und verehrt.

Das Feen-Volk hatte schon ein wesentlich höheres Bewusstsein gegenüber der Natur, Respekt vor allen Wesen und wusste auch, dass alles was ist, nicht immer gesehen und gehört werden kann, zumindest nicht von Wesen, die nicht schon gottähnlich waren. Sie wussten auch, dass es gewisse Gesetze gab, die selbst sie als feinsinnigere Wesen wie die Menschen in anderen Kontinenten und die später lebenden, noch nicht verstanden, aber achteten, dass nicht alles nach ihrem Willen geschehen könne. Sie wussten auch, dass letztendlich alles einem "höheren Plan" folgt, den niemand, weder sie noch andere, durchschauen kann. Erst dann, kurz bevor sie in den Urzustand eingehen würden und sich im "Einzigen Sein" auflösen werden, erst dann werden alle Wesen im weitesten Sinne "erleuchtet" sein und dann wäre auch für nichts und niemanden mehr Magie nötig, denn es wäre nicht mehr nötig. Alles würde dann perfekt sein, vollkommen und ewig unveränderlich, alles was ist und immer war und je sein wird.

Ich ging also durch den unbewachten Eingang in einen Garten mit Blumen und Bäumen in den schönsten Farben. Einige der Feen waren dabei, die Landschaft zu pflegen, aber sie beachteten mich nicht weiter. So ging ich rund um das Schloss auf die rückwärtige Seite. Dort befand sich gleich im Anschluss eines Blumengartens ein großer See. Das Wasser war hell und klar darin und von der Ferne sah ich einen unterirdischen Palast schimmern, der für die Wasserwesen gedacht war, die gerne völlig im Wasser lebten, so wie die Merrows oder die Selkies. Aber auch Donogar selbst lebte mit seiner Familie lieber unter dem Wasser im See.

Die Selkies waren eher Seehund-ähnliche Wesen, besser gesagt, sie waren eigentlich Formwandler zwischen Seehunden und humanoiden Wesen und sie waren alle wunderschöne Frauen, wenn sie menschliche Gestalt annahmen. Die Merrows hingegen waren normalerweise nicht schön anzusehen und viele Selkies nahmen sich daher gerne Männer aus dem Feenreich in den Wäldern oder vom Stamme der Gwyllions, das waren Feen, die in den hohen Bergen jenseits des Sees wohnten.

Gyllian hatte eine Asrai-Urgroßmutter und erzählte mir einmal ihre Geschichte. Sie war auch eine Verwandte von Donogar, der König des gesamten Wasserreiches war. Gyllians Urgroßmutter hieß Annwn und eigentlich hatte sie sich seinerzeit in einen Mann verliebt, der in einem weit entfernten Land lebte und dem Volk der Daoine Sidhe angehörte. Dieser war ein schöner, groß gewachsener Mann, der liebend gerne auf Pferden ritt und dem es Spaß machte, mit den anderen um die Wette durch die Wälder zu reiten, denn das Volk der Daoine Sidhe stammte von dem Reitervolk ab, das sich einst "Thuata de Danann" oder "der Hof der Seelie" nannte.

Diese Reiterinnen und Reiter waren herrlich anzuschauen, überhaupt wenn sie in großen Reiter-Kavalkaden durch die Felder jagten. Das war ein helles Funkeln und Gleißen. Ihre durchwegs weißen Pferde waren mit Gold- und Silbergeschmeide geschmückt, so wie sie selbst, die Zügel mit Gold- und Silberfäden umschlungen und die Sättel waren kunstvoll mit Juwelen bestickt. Die Frauen und Männer trugen ebenfalls weiße Gewänder aus seidenartigem Material, das mit Juwelen und Silber- und Goldfäden bestickt war. Die Haare der Frauen, die meist in goldenen Wellen bis zu den Hüften hinab fielen, wurden durch kunstvolle Diademe zusammengehalten. und die Reiter trugen oft Hüte mit herrlichen Federn oder kunstvoll bestickte Stirnbänder.

In einen von ihnen verliebte sich Annwn, als er ihr den Hof machte, denn sie war ein beeindruckend hübsches Wesen. Ihre Haut war hell, aber etwas dunkler als die der anderen Wasserwesen und ihre Haare waren braunrot und fielen ihr lockig bis zu den Hüften. Diese wurden an der Stirn durch einen Kranz aus Muscheln und Korallen zusammengehalten. Ihr durchscheinendes, algengrünes Kleid war mit Perlmutt bestickt. Sie hatte ein sehr feingeschnittenes Gesicht und pralle rote Lippen.

Der Feenmann war von ihr hingerissen und lud Annwn zu sich ein, auf das Anwesen seiner Familie. Das war ein wunderbares Schloss aus weißem und rosafarbenem Marmor mit vielen hübschen Erkern und die Mauern waren verziert mit Fliesenmosaiken, die wunderschöne Ornamente darstellten. Das Anwesen hieß "Tir nan Og". Dorthin kam nun Annwn sehr oft und die beiden lernten sich kennen und lieben.

Der Feenmann schenkte ihr eines Tages einen wunderschönen Kristall, der noch immer im Besitz von Gyllians Familie ist. Er sagte zu mir:

"Dieser Kristall besitzt seherische Kräfte. Wenn man sich auf das konzentriert, was man sehen will, wo man eine Frage dazu hat, zeigt er eine Szene wie bei einem Spiegel, sofern die darin enthaltende Antwort mit guter Absicht verwendet wird und es nicht gegen eine be-

stimmte Regel der Vorsehung verstößt. Im anderen Fall zeigt der Kristall dann einfach nichts."

Lange Zeit ging unser Verhältnis gut, wir liebten einander und lebten glücklich - eine lange Zeit. Doch Gyllians Familie hatte andere Absichten mit ihm.

So wie auch später anderswo, wollte man auch hier diplomatische Beziehungen mit fremden Völkerstämmen und Reichen durch eine Heirat bekräftigen und er wurde von seinem Vater gedrängt, eine Frau aus dem Elfenreich zu heiraten. Sie war ebenfalls eine schöne, kluge Frau, die auch ihre Aufgaben ernst nahm. Die Aufgaben der Elfen und Luftfeen lagen ja hauptsächlich im Bereich der Heilung von Pflanzen und Tieren über dem Wasser. Die Aufgaben der Wasserwesen waren ähnlich. Sie halfen dem Tierreich und den Pflanzen ebenso, nur waren sie für das Wasserreich zuständig. Sie waren auch geniale Künstler, besonders was Architektur und Musik betraf.

Als sie wegen dieser diplomatischen Beziehungen eine Weile getrennt waren, schaute Annwn in den Kristall und sie musste erkennen, dass es so gekommen war, wie es geplant war. Er hatte seine Aufgabe angenommen, diese Elfenfrau zu heiraten und schließlich hatte er sich in sie verliebt und so also ist er Annwn untreu geworden. Sie besuchte ihn und Tir nan Og nie mehr.

Die Trennung traf sie damals heftig, aber ein alter guter Freund von ihr, ein Wassermann aus dem Stamm der Merrows stand ihr bei zu dieser Zeit des Herzeleids. Er liebte Annwn schon seit er sie kannte und begleitete sie seit ihrer Jugend durch Kummer und Schmerz, aber auch durch Zeiten des Glücks und der Freude. Auch als sie den Mann der Tuatha de Danann liebte, liebte er sie weiter und blieb ihr als treuer Freund immer zur Seite. So lernte sie ihn im Laufe der Jahre schätzen und lieben. Annwn liebte ihn wegen seines treuen und aufrichtigen Wesens, wegen seines liebevollen und sanften Charakters und so sah sie eines Tages sein fremdartiges Äußeres nicht mehr, das den Stamm der Merrows so prägte, sondern empfand ihn als exotisch schön, denn sie sah seine Seele. Sie heirateten eines Tages und bekamen ein Kind, einen Sohn, der später eine Feenfrau aus der "Daoine Sidhe" heiratete. Die bekamen ebenfalls einen Sohn, den sie "Oisin" nannten. Die Daoine Sidhe stammten wie erwähnt, aus dem Feen-Reitervolk der "Tuatha de Danann", nur während die Tuatha de Danann sich von den "Milesiern", ebenfalls ein Feenvolk, zurückdrängen ließen, so dass sie sich im Land "Tir nan Og" ansiedelten, blieb der andere Teil im selben Land, aber lebte zurückgezogen innerhalb von Erd- und Felshügeln. Diesen Teil des Volkes nannte man später "Daoine Sidhe". Oisin war Gyllians Vater.

Als ich nun den Palast unter Wasser schimmern sah, war ich hingerissen. Es war warm und schön, die Sonne strahlte und niemand sonst war da. So legte ich mein Gewand ab und stieg in das Wasser. Ich trug nur noch einen seidenartigen Schal um meine Hüften, sonst nichts. Meine langen rotbraunen Haare fielen nach vorn, als ich mich in das Wasser beugte, um mich vorerst abzukühlen, bevor ich mich ganz ins Wasser stürzte. Ich schwamm auf eine kleine Insel zu, wo ich den Palast besser durchscheinen sah. Als ich zur Insel kam, suchte ich eine Stelle, die nicht so felsig war und fand tatsächlich eine kleine Bucht mit einem Sandstrand.

Ich ging heraus und setzte mich auf eine der runden Steinplatten, die überall herum lagen. Die Sonne schien auf meinee leicht gebräunte, ockerfarbene Haut, die jetzt ziemlich rosa durchblutet war. Meine Haut war doch um einiges dunkler als die der Wasserwesen. Das konnte ich gleich feststellen, denn ein paar Minuten später tauchte am Strand Gyllian auf, der helle Wassermann mit dem langen goldenen Haar. Er lebte zu dieser Zeit wieder eine Weile im Anwesen seines Onkels Donogars. Ich war überrascht, denn ich hatte nicht damit gerechnet, irgend jemanden zu begegnen. Alles schien so leer und unbewohnt, aber das war eine Täuschung, wie ich eben feststellte. Die Wesen unter Wasser hatten sich nur kaum bemerkbar gemacht. Erst als der schöne Mann aus dem Wasser stieg, wurde mir gewahr, dass sie damit rechnen musste, auch Wasserfeen zu sehen.

Er gesellte sich zu mir und stellte sich vor. Ich erzählte ihm auch von meinem Heimatort und meiner Familie. Die Zeit verstrich und wir kühlten uns zwischendurch im Wasser ab. Inzwischen war es Abend gewor-

den. Er lud mich ein, ihn im Wasserpalast zu besuchen, denn der würde sich nach Sonnenuntergang über das Wasser erheben, so dass sie keine Luftnot bekommen würde. Aber ich verneinte, obwohl mir seine Gesellschaft sehr angenehm war. Ich wollte nun nach Hause, aber nicht ohne ihm zu versprechen, ihn bald wieder treffen zu wollen.

Abends dachte ich noch lange an ihn. Schon bald würde ich ihn wieder treffen und dann würde ich mit ihm in den Palast gehen. Dann wollte ich mich angemessen und in schönstem Gewand zeigen.

Schon am nächsten Tag traf ich mich wieder mit Gyllian. Ich trug ein efeugrünes Kleid und um meine Handgelenke und meinem Hals trug ich Geflechte aus Efeu. Im Haar trug ich ein Stirnband aus geflochtenen Goldfäden und um den Hals eine Kette aus Gold mit einem Kristallamulett aus Jade in Form eines Blattes. Am Abend ging ich dann mit ihm in den Palast seines Vaters. Er gefiel mir und ich wollte Eindruck machen.

Der Palast war märchenhaft schön. Von außen war er mit pastellfarbenen Steinplatten ausgelegt und mit vielen Muscheln verziert. Die Räume hatten viele Fenster aus durchscheinendem Kristallglas. Innen waren die Wände mit Korallen ausgekleidet und der Boden war mit weichem Moos bedeckt. Alle Wände waren rund und die Dächer waren wie große Schuppen von Fischen, durchscheinend und wieder in allen Farben des Regen-

bogens schimmernd. Es gab auch im unterirdischen Reich Stühle und Tische, die am Boden befestigt waren und wie aus einem einzigen Material gemacht schienen. So war es auch. Diese sesselartigen und tischartigen Möbel waren aus einem Stück geschnitzt - zusammen mit dem Boden, der wellenförmig war und nicht gerade. Alles war aus Meerschaum, alles aus einem Stück, abgesehen von den Wänden. Der Boden und die Sitzflächen waren mit weichem Moos belegt.

Ich blieb an diesem Abend noch lange mit Gyllian zusammen, denn ich hatte mich wirklich verliebt in ihn. Bevor ich ihn verließ, küsste er mich. Es war atemberaubend, trotzdem wollte ich nicht nach Hause begleitet werden. Noch wollte ich nichts überstürzen.

Wir trafen uns allerdings nun jeden Abend und schließlich nahm ich ihn doch mit nach Oden zum Haus meiner Familie. Ihm gefiel es hier, auch wenn es im Vergleich viel einfacher war als sein Unterwasser-Palast. So trafen wir uns täglich und bald waren wir ein glückliches Paar.

Es vergingen einige Jahrzehnte und ich war inzwischen ungefähr siebzig Jahre alt. Das war allerdings noch kein hohes Alter für das Feen-Volk, ungefähr wie fünfundzwanzig bei den normalen Menschen. Wir waren beide in einem schönen Alter. Meine Familie liebte Gyllian ebenfalls, denn er hatte ein hilfsbereites Wesen und einen humorvollen Stil. So waren wir alle manch-

mal im Wald bei den Baumhäusern, manchmal im Palast im See und manchmal in Oden. Es gab bei den Feen auch viele Feste. Nachdem wir unsere Aufgaben erledigt hatten, die Tiere und Pflanzen versorgt, kranke Lebewesen geheilt und gepflegt und die Obsternte eingebracht hatten, holten wir alle unsere Musikinstrumente aus den Erkern und Schränken und musizierten, sangen und tanzten.

Das Leben auf den Feen-Inseln war leicht. Das Klima war immer so angenehm, dass wir nie heizen brauchten. Die Pflanzen versorgten uns mit allen Lebensmitteln, die wir für die Nahrung brauchten und wir machten aus den Fasern auch Stoffe. Wir wussten, wie man kostenlose Energie gewinnt, um alle ihre Bedürfnisse im Haushalts- und Arbeitsbereich zu befriedigen. Wir Feen waren auch, wie schon erwähnt, großartige Künstler, Architekten und Handwerker. Wir konnten Steine, wie Kristalle und Marmor, Metalle, wie Eisen, Kupfer, Gold und vieles mehr, verarbeiten, ohne gleich eine ganze Wirtschaftsindustrie zu brauchen, denn es ging alles leicht von der Hand. Durch Magie, was eigentlich nur ein Durchschauen der Naturgesetze war, konnten wir Schwerkraft aufheben und alles zum Blühen und Gedeihen bringen. Auch sonst konnten wir Einiges beeinflussen, oft allein durch unseren magischen Willen.

Es gab zwar hauptsächlich nur gute Schwingungen in unserem Land, so wie Liebe, Freude und Harmonie, aber ab und zu gab es doch auch so etwas wie Neid,

Rechthaberei und Besitzgier, wenn auch nur im geringen Ausmaß und das konnte dann schon zu Missverständnissen und Reibereien führen und manchmal auch zu Kämpfen, wie damals zwischen den Milesiern und den Tuatha de Danann. So gab es auch hier ein "Auf" und ein "Ab" und ein "Hoch" und ein "Tief" von Gefühlen, da auch wir, wie jedes materielle Wesen auch, noch in der Dualwelt lebten.

So kam es, dass es sich unter dem Volk der "Daoine Sidhe" herumsprach, dass es im Waldgebiet mit den Baumhäusern ein besonders schönes und glückliches junges Paar gab. Diese Nachricht drang bis zum König vor. Der König, der "Finvarra" hieß, war ein guter König, aber er hatte einen Fehler, der den Tuatha de Danann schon öfter zum Verhängnis wurde. Er war ein "Frauenliebhaber" und war der Jagd nach dem schönen Geschlecht nie abgeneigt.

Obwohl Finvarra eine wunderschöne Gemahlin hatte, sie hieß "Donagh", vergnügte er sich nebenbei immer wieder auch mit anderen Frauen und Donagh verzieh ihm auch immer wieder seine Fehltritte.

Finvarra wollte also das Paar kennen lernen und so lud er uns zum nächsten Erntedankfest ein. Wir kamen natürlich und als wir die große Halle seines unterirdischen Palastes betraten, war bereits eine große Tafel, geschmückt mit Blumen und Lichtern und gedeckt mit den herrlichsten Köstlichkeiten, vorbereitet. Die Tafel war in Form eines "U" und ganz vorne saßen natürlich Finvarra und seine Gemahlin "Donagh". Finvarra war trotz seines für Menschendenken hohen Alters von weit über tausend Jahren auch ein schöner Mann und sah keinen Tag älter aus als fünfunddreißig, nur seine Haare hatten einen weißen Streifen. Er saß da, würdevoll, mit purpurrotem Umhang, der mit Silber- und Goldornamenten bestickt war. Seine schwarzen Haare fielen gerade bis zu den Schultern und an der linken Schläfe hatte er den besagten weißen Streifen, der wie Schmuck aussah. Am Kopf trug er eine kunstvoll gearbeitete, goldene Krone. Seine Augen blickten gütig, sie waren von strahlendem Himmelblau, aber man sah auch ein wenig sein begehrendes Verlangen nach Zuneigung.

Donagh saß ebenso würdevoll neben ihm. Sie blickte lächelnd und liebevoll auf alle anderen und trug ein dunkelblaues, weites Kleid mit weißen Blumenstickereien. Im Haar trug sie ein zartes, goldenes Diadem, das mit blauen Kristallen, wahrscheinlich Aquamarinen, besetzt war. Sie hatte überschulterlange, gerade, aber seidig-weiche, weißblonde Haare, die ihr feingeschnittenes, blasses Gesicht umrahmten. Sie wirkte zart und zerbrechlich und war die Schönste aller Königinnen.

Nach der formellen Begrüßung winkte Finvarra uns beide herbei, wobei er neben sich Gyllian sitzen ließ und neben Donagh sollte ich sitzen. Wir waren an diesem Tag seine Ehrengäste und er sagte, er wolle bald von unserer Hochzeit hören. Aber im Insgeheimen dachte

Finvarra wohl ganz anders. Er wollte mich bei guter Gelegenheit entführen, aber das wusste ich damals nicht. Er hatte auch Helfer dazu. Dann würde er mich einige Zeit lang nicht aus den Gemächern heraus lassen, die für seine "Gäste" bestimmt waren. Dazu hatte er einen gut ausgeklügelten Vorwand ausgedacht, der natürlich eine Lüge war. Er hatte vor, mich zu verführen und irgendwann, nach einiger Zeit, würde er mich auch wieder frei lassen, wieder unter einem erlogenen Vorwand. Am besten wäre es für ihn gewesen, wenn auch Gyllian verschwunden wäre, aber Finvarra war kein Mörder, nur ein Lügner, Betrüger und Entführer.

So ein Fest dauerte immer drei Tage und drei Nächte. In dieser Zeit schmiedete er einen Plan, denn vorher hatte er noch keinen, erst als er mich mit eigenen Augen gesehen hatte, reifte ihn ihm das unwiderstehliche Begehren, mich haben zu wollen. Das wusste ich erst viel später.

Der Plan war folgender: Zuerst wollte er einen Kampf vortäuschen und zwar mit seinen alten Feinden, den Milesiern. Einige seiner Leute würden als Milesier verkleidet, in den Festsaal eindringen und etwas Lärm machen. Dabei würden seine Leute die Milesier scheinbar wieder hinausdrängen und einige seiner "gedungenen" Leute würden dabei scheinbar verletzt umfallen. Unter anderem würde man Gyllian vorher einen Trank verabreichen, der ihn vorübergehend in Ohnmacht fallen ließ und so blass werden ließ, dass er anscheinend blutleer war. Er würde schon ohnmächtig sein, bevor er überhaupt mitbekommen würde, was geschah, sodass man ihm später leicht einreden könnte, es sei ein Vampir-Überfall gewesen. Schnell würden dann Finnvarras Leute ihn in einen Nebenraum schleppen, um vorzugeben, ihn zu retten, statt dessen würden sie ihm am Nacken scheinbare "Bisswunden" aufmalen. Dann würde man mir, da ich im Chaos vermutlich wieder nichts mitbekommen würde, erklären, dass Gyllian einfach nur umgefallen wäre, ohne jeden Angriff von irgendjemanden. Man würde mir meinen Geliebten nur sehr kurz zeigen, sodass ich gerade seinen Hals und seinen scheintoten Körper sehen werde. Man würde den aufgemalten Biss als echt bezeugen und auf die Vampirin "Lan-an-Schie" schieben, die die Situation ausgenutzt habe. Auf meine vermutliche Frage, warum ausgerechnet in diesen Augenblick Lan-an-Schie gekommen wäre, um wiederum ausgerechnet Gyllian auszusaugen, wäre die Antwort, dass man schon lange wüsste, dass die schöne Vampirin Gyllian zu ihrem Gefährten haben wollte und diesen Zustand der allgemeinen Verwirrung ausgenutzt hätte.

Dieser Plan war kompliziert, aber genial. Er ging leider auch auf. Einige Leute bezeugten, dass die Geschichte der Vampirin wahr sei und ich glaubte das. Ich kam sowieso nicht lange zum Nachdenken, denn auch mir wurde vorher schon ein spezieller Trank gegeben, der zwar etwas später wirkte, aber ungefähr ein paar

Minuten, nachdem man mir den angeblich ausgesaugten Gyllian gezeigt hatte, wurde ich davon auch bewusstlos. Man trug mich dann in ein Gemach, von dem ich so bald nicht mehr entkommen würde. Man ließ mich im Glauben, dass der unterirdische Palast wegen der feindlichen Milesier geschlossen wurde, während die anderen Gäste vorher noch hinaus flüchten konnten oder bei dem Kampf getötet worden seien. Nach der Frage nach der Vampirin "Lan-an-Schie" wurde mir gesagt, dass sie leider wieder entkommen sei. Dann erzählte man mir auch noch, dass man wegen der Belagerung der Vampire die Tore bis auf Weiteres nicht öffnen dürfe.

Dem wieder erwachten Gyllian hatte man gesagt, , dass wiederum ich von der Vampirin und ihrem Gefolge mitgenommen worden sei. Er wurde dann mit einem Gesandten des Königs zu meiner Familie begleitet, die einen Vampir-Überfall beteuerten, denn sie mussten ja zu Finvarra halten. Ich aber ertrug unvorstellbares Leid über den vermeintlichen Tod meines Geliebten.

Von den Milesiern wurde nicht mehr viel gesagt, denn das hätte unter Umständen aufgeklärt werden können, obwohl man inzwischen jahrhundertelang nichts von ihnen gehört hatte. Aber vor den Vampiren hatte jeder Angst und zwischen ihnen gab es überhaupt keine Kommunikation und daher war eine Aufklärung so schnell nicht möglich. Zudem war Lan-an-Schie ebenfalls schon seit vielen Jahrhunderten nicht gesehen wor-

den, was bei Vampiren allerdings nicht viel hieß, da sie sich am Tag versteckten und Nachts auch nicht unbedingt auffällig waren.

Was man mir bei ihrer eventuellen Freilassung sagen würde, wusste Finvarra wohl noch nicht genau, er rechnete wohl damit, dass ich bei ihm bliebe. Außerdem hatte ich ja den scheinbaren Kampf gesehen. Nur Gyllian hatte gar nichts mitbekommen, er war sofort scheintot. Mit Magie wäre es ganz leicht gewesen, uns alle zu täuschen, aber selbst so ein Betrüger wie Finvarra durfte Magie nicht missbrauchen. Auf jeden Fall hatte er sich später noch eine Geschichte einfallen lassen am Tag meiner Freilassung, auch wenn sie wenig plausibel war. Aber er war König, man musste ihm glauben. Außerdem war er ein mächtiger Feen-König, alt und mit viel Wissen, wie man jemand manipulieren und beeinflussen kann. Das war alles ein Spiel für ihn, er liebte das wie die Jagd und die Frauen.

Alles was er plante, geschah in der Folge. Finvarra gab Gyllian vor dem Auftritt seiner Schauspieler das schnell wirkende Gift in seinen Trinkbecher und mich ließ er das langsam wirkende Gift in meinem Becher zukommen und prostete uns dann zu, sodass wir augenblicklich trinken mussten. Zur selben Zeit drangen die als Milesier verkleideten Schauspieler durch den Eingang und begannen einen scheinbaren Kampf, wobei einige umfielen. Aber da war Gyllian schon bewusstlos und wurde in den nächsten Raum getragen. Dann zerr-

te Finvarra mich in den Raum, wo sich Gyllian befand, während Donagh von der Dienerschaft in einen anderen Raum gebracht wurde, denn sie wusste ja nichts von dem Plan, genauso wie die anderen nicht eingeweihten Leute schnell verabschiedet wurden durch einen anderen fadenscheinigen Vorwand. Kurze Zeit später drängten alle Kämpfenden nach draußen und das ganze Schauspiel löste sich wieder in Luft auf. Die angeblichen Milesier waren verschwunden. Ich sah den scheintoten Gyllian mit den Bisswunden auch nur höchstens zwei Sekunden, dann fiel auch ich in Ohnmacht und wurde von den Leuten Finvarras in ein anderes Gemach gebracht.

Gyllian wurde dann wach geklopft und man sagte ihm, er sei von einem Vampir von hinten auf den Kopf angegriffen worden und vor Schock wohl ohnmächtig geworden. Die Vampire unter Anführung ihrer Königin "Lan-an-Schie" seien aber zurückgedrängt worden und sind wieder in die Nacht verschwunden. Zum Bedauern einiger von Finvarras Leuten hätten sie aber mich mitgenommen. Gyllian war verzweifelt, genauso wie ich, als ich glaubte, dass er ausgesaugt war. Aber Gyllian glaubte diese Geschichte ebenfalls. Die Leute, es waren insgesamt nur vier, begleiteten ihn alsbald über einen unterirdischen Weg von der Stadt hinaus, um die angeblich belagerten Haupttore zu umgehen und begleiteten ihn zu meiner Familie nach Oden, um die traurige

Botschaft zu übermitteln und dann begleiteten sie ihn noch zu seinem Baumhaus.

Finvarras Leute mussten sich nun um mich kümmern. Als ich wieder erwachte und mir erzählten, dass Gyllians Körper von der Vampirin nicht nur gebissen, sondern auch mitgenommen wurde (Lan-an-Schie wollte ihn umwandeln zu ihrem Gefährten haben, bevor er von uns gepfählt werden würde), war ich außer mir vor Leid. Den Vorfall bezeugten die Gefolgsleute Finvarras und ich musste es also glauben. Ich weinte bitterlich um Gyllian und Finvarra setzte sich zu mir und tröstete mich väterlich, ohne dabei vor Scham über diesen Betrug zu empfinden.

Wohl fühlte er sich nicht dabei, das spürte ich. Doch nun war es zu spät, das Ganze rückgängig zu machen. Dass Finvarra mich nicht nach Hause gehen ließ, auch nicht in Begleitung, war insofern glaubwürdig eingefädelt, indem er mich überzeugte, dass sowohl die Milesier noch hinter den geschlossenen Türen lagerten, als auch wahrscheinlich einige Vampire, die auf eine gute Gelegenheit warteten.

Donagh ließ er ungefähr dasselbe glauben, doch sie wusste schon, dass da etwas anderes dahinter stecken würde, als ein Überfall der Milesier und der Vampire. Sie wusste später auch, dass ich hier war und ahnte wohl, was vorging, konnte aber nichts sagen. Sie ging in mein Gemach und drückte mir gegenüber ihr Bedau-

ern aus über das, was geschehen war und vor allem über den vermeintlichen Tod Gyllians.

Finvarra verstand es dafür zu sorgen, dass sie nicht zu lange bei mir blieb. Er wollte nicht, dass wir uns vielleicht zusammenschlossen und das Komplott aufdeckten. Donagh konnte Finvarra nicht die Unwahrheit beweisen, aber Finvarra wusste auch, dass seine Frau etwas ahnte.

Finvarra bemühte sich in den darauffolgenden Wochen um mich wie ein Trost gebender Bruder oder Vater. Er hielt mich väterlich in den Armen und tröstete mich, wenn ich um Gyllian weinte und bedachte mich mit allen Aufmerksamkeiten, damit ich abgelenkt wurde von meinem Schmerz. Schließlich fragte ich, ob denn die Milesier noch immer vor dem Palast lagern würden und Finvarra bejahte das, indem er mir gleichzeitig versicherte, dass er auch eine sehr lange Belagerung aushalten würde, was die Lebensmittel- und Wasserversorgung für sich und seine Leute betraf. Ich war sehr unglücklich, jetzt auch noch gefangen zu sein.

Nach vielen Wochen begann er langsam, mich wie ein Mann zu umwerben und wurde wesentlich eindeutiger. Er zeigte mir, dass er mich begehrte und zur Geliebten haben wollte. Mir kam das dann sehr seltsam vor und schließlich wurde ich misstrauisch, aber ich fühlte mich hilflos dem König gegenüber. Gleichzeitig war ich sehr enttäuscht, dass er sich als Verführer heraus stellte. Es war schwer, einen König abzuweisen, auch wenn er verheiratet war, aber ich blieb standhaft und ließ ihn erkennen, dass ich kein Verhältnis mit ihm eingehen wolle. Finvarra wollte mich allerdings nicht vergewaltigen, nur verführen, aber er bedrängte mich sehr. Als ich ihn immer wieder abwies, da ich für ihn als Mann nichts empfinden konnte, zumal auch meine Trauer um Gyllian noch zu tief saß, wurde er allerdings sehr ungehalten. Aber er beherrschte sich im letzten Moment und schließlich musste er feststellen, dass sein genialer Plan nicht funktioniert hatte.

So versuchte er, mich mit Alkohol und anderen Pflanzendrogen gefügig zu machen. Aber auch das gelang ihm nicht. Es vergingen inzwischen einige Monate und er konnte noch kaum jemand klar machen, weder mir noch Donagh noch den anderen, die nichts von dem Komplott wussten, warum die Tore für mich nicht geöffnet werden. Er musste ihnen allen erklären, dass die Tore verschlossen bleiben müssten aufgrund der Belagerung der Milesier und der Vampire. Aber die Tore waren in Wirklichkeit nur für mich verschlossen. Es war kaum was von draußen zu hören, nur seine Schauspieler, die ab und zu Lärm machten, um eine Belagerung vorzutäuschen.

Finvarra war seinerseits enttäuscht, dass sein Verführungsplan nicht aufging. Ich war zu widerspenstig für ihn und ich begehrte ihn auch nicht im Geringsten, er war für mich nur wie ein Bruder oder Vater gewesen.

Seit er sich mir geoffenbart hatte, mochte ich ihn nicht mehr und das fühlte er. Er beschloss endlich, mich wieder frei zu lassen. Nur brauchte er dafür einen guten Plan.

Gemeinsam mit seinen Beratern, denen es nur Recht war, die Tore wieder zu öffnen, wollten sie mir in den nächsten Wochen glauben lassen, der Kampf sei immer nur zwischen Vampiren und Finvarras Leuten gewesen, niemals mit den Milesiern. Obwohl ich jetzt gar nichts mehr glaubte, denn ich konnte mich ja gut erinnern, dass die Kämpfe nicht mit Vampiren statt fanden, blieben alle bei der Meinung, sie wären immer nur im Kampf gegen die Vampire gewesen, niemals wären Milesier dabei gewesen. Die Vampire hätten sich anfangs als Milesier ausgegeben. Ich bekam aber eine unheimliche Wut, da ich ja langsam die Sache durchschaute und meinen Geliebten tot glaubte.

Auch auf die Frage, was der Lärm dann tagsüber gewesen wäre, antworteten sie, dass die Vampire vielleicht einige Helfer gehabt hätten, denen Tageslicht nichts ausmacht, wie einige Halbvampire oder Halbwerwölfe. Auch das glaubte ich nicht mehr, aber ich wollte wissen, was für Ausreden ich noch zu hören bekomme So fragte ich schließlich auch, ob ich nicht selbst nachsehen könne, wer da draußen am Tag überhaupt sei. Das wurde mir dann doch erlaubt und ich wurde auf einen Turm geführt, von wo aus ich die Tore und die angebliche Belagerung der angeblichen Halbvampire sehen konnte.

Da sah ich selbst, dass keine Milesier vor den Toren lagerten, nur einige seltsame, verkommen aussehende Gestalten machten Lärm. Das waren aber Finvarras Leute, die als Halbvampire verkleidet waren.

Endlich ließ Finvarra die Tore öffnen. Er behauptete fest, dass nun auch die letzten Vampire die Belagerung aufgegeben hätten und ich in Begleitung von einigen Gesandten nach Hause reisen dürfe. Das war ein großer Tag für mich, auch wenn die Trauer um den angeblichen Tod Gyllians die Freude trübte.

Ich wurde dann relativ schnell verabschiedet und sah Donagh nur kurz, wie üblich. Finvarra hielt sich ebenfalls zurück. Er mochte mich nicht mehr sehen, zu sehr hatte ich ihn abgelehnt, aber auch ich wollte ihn nicht mehr sehen, denn ich hielt ihn ja für einen Mörder, nicht nur für einen Lügner und Betrüger. Mit zwei Boten als Garde wurde ich nach Hause begleitet. Ich war froh, endlich wieder meine Heimatstadt zu sehen.

Es war für Finvarra kein Problem zu erklären, warum ich noch lebte, ich wäre eben von Finvarras Leuten vor den Vampiren doch noch gerettet worden und er konnte mich dann wegen der Belagerung.eben nicht mehr durch die Tore hinausgehen lassen. Vielmehr aber war ich überrascht, als ich Gyllian wieder sah. Meine Freude war überschwenglich, aber ich musste fragen, warum er denn noch lebte und nicht zum Gefährten der Vampirin gemacht wurde. Aber das blieb ein Rätsel. Ich konnte mir die wirkliche Geschichte nur zusammenreimen.

Damals, als Gyllian eines abends von der Pflegearbeit an den Fischen und anderen Meerestieren nach Hause kam und durch das Tor des Palastes seines Onkels Donogar schritt und dabei durch den Vorhof hinein in die große Empfangshalle trat, da stand außer seinen Wasserfeen-Verwandten und -freunden auch ich. Er konnte kaum glauben, was er sah und war völlig überrascht. Freudig und vollkommen unfähig zu denken, lief er mir entgegen, wollte mich spüren, in der Angst nur eine Halluzination zu sehen. Aber ich wollte ihn ebenso spüren und fiel ihm in die Arme und wir weinten vor Freude. Gegenseitig hatten wir uns tot geglaubt und jetzt war es wie ein unwirklicher Traum. Wir drückten und küssten uns.

Bald darauf heirateten wir, um unsere Partnerschaft auch offiziell zu besiegeln. Gyllian und ich lebten jahrhundertelang sehr glücklich und bekamen viele Kinder.

Als ich aus dieser Vision in mein normales Tagesbewusstsein erwachte, war ich noch lange sehr berührt und ich fragte mich selbst, ob das tatsächlich sein kann, dass ich in einem Vorleben eine Fee gewesen bin. Es war so echt, was ich da gespürt hatte und meine Persönlichkeit war noch immer vollkommen eins mit der Fee "Ninwe".

Man muss bedenken, dass sich die germanischen und keltischen Mythologien sehr gleichen. Eigentlich ist ihre Götterwelt fast eins zu eins, nur die Namen sind anders und die Sprache. Dass ich diese Traumvision in Schweden hatte, war eher ein Zufall, ich hätte sie auch in England haben können. Aber damals war ich nur in der Gegend von London und hatte auch gar keine Zeit, um zur Ruhe zu kommen, was Voraussetzung ist, um überhaupt eine Vision zu bekommen.

Die Namen der beteiligten Personen - nur die Namen - habe ich den keltischen Mythen und Sagen (siehe Quellen und Literaturhinweise unter "Elfen, Goblins und Spukgestalten") entnommen. Die Ähnlichkeiten der Charaktere sind zufällig.

gemalt und fotografiert von: Eva Lene Knoll

4
ATLANTIS - VON DEN AZOREN BIS ZU DEN KANAREN

Im Jahr 1989 hatte ich die Gelegenheit, zwei Monate in Teneriffa zu leben. Ich musste nur die Flugtickets hin und zurück bezahlen, denn ich hatte die Möglichkeit, gratis dort zu wohnen, da mich eine Freundin aus München eingeladen hatte. Sie hatte einen Job als Immobilienmaklerin in Los Cristianos. Dabei hatte ich Gelegenheit, auch darüber nachzudenken, ob ich mir dort ebenfalls eine neue Existenz aufbauen könnte. Nachdem ich zu dieser Zeit meinen Firmenvertrag in Österreich sowieso kündigen wollte und auch nicht gebunden war, sagte ich gerne zu, zumal der Winter früh gekommen war und es war sehr kalt - was mich immer empfindlich trifft.

Trotzdem dachte ich lange nach, ob ich richtig handeln würde, aber meine damals noch nicht erwachsenen Kinder waren versorgt und ich wollte sie auch so bald wie möglich nachkommen lassen. Die Frage, ob die Kündigung von der Firma richtig war, wurde von mir nicht lange bezweifelt, denn es lief schon lange nicht mehr so, wie es sollte.

Ich dachte nicht nur nach, ich meditierte auch, denn inzwischen wurde mir klar, dass ich Visionen oder Träume auch willentlich herbeirufen konnte. Aber es gelang nicht immer. Diesmal schon: Eines Tages wachte ich frühmorgens auf und während ich noch auf meine rosa Vorhänge schaute, fiel ich in eine Art Trance-Zustand und erlebte mich wie in einem Film.

Wenn die Handlung auch nicht real erschien - denn ich ging auf einem Regenbogen -, das Gefühl war dennoch sehr schön. Ich sah alles weit von oben und unter mir das grüne Land. Die Landschaft war zu dieser Zeit in der Realität eher grau und weiß, aber hier sah ich eine grüne Landschaft.

Vor mir sah ich den Himmel und viele Regenbögen. Auf diesem Regenbogen ging mir Gerti entgegen, das war meine Freundin aus München. Sie streckte die Hände freundlich nach mir aus. Eine Stimme sagte zu mir, ich könne ruhig reisen, immerhin würde ich die Brücken zu meiner Heimat deswegen nicht abbrechen. (Es sind ja eigentlich nur vier oder fünf Stunden Flug, aber damals war es meine erste transatlantische Reise.)

Mehr hörte und sah ich nicht, dann erwachte ich wieder aus diesem Zustand. Es war kurz aber prägnant. Von nun an wusste ich, meine Entscheidung war gefällt und sie war - richtig oder nicht - gut so.

Ich werde nie vergessen, als ich im Dezember zum ersten Mal, nach Teneriffa flog und dabei tatsächlich erlebte, dass ich von zahlreichen Regenbögen begrüßt wurde, bevor wir landeten. Es war das einzige Mal, obwohl ich später noch sehr oft nach Teneriffa fliegen würde.

Gerti holte mich mit ihrem Leihauto ab und wir fuhren sogleich nach Los Cristianos. Dabei kamen wir am Yachthafen vorbei und ich sah schon von weitem die schöne "Playa". Es war wunderbar warm und sonnig und ich war glücklich darüber. Am Abend bummelten wir durch die Stadt und anschließend gingen wir in ein einheimisches Lokal, wo wir einige Gläser Rotwein tranken und uns gut unterhielten, auch mit einigen anderen Deutschen und Österreichern, die hier nicht nur auf Urlaub waren und die Bekannte von Gerti waren. Schon am nächsten Tag hatte ich Wien regelrecht vergessen, ich war überwältigt von den Schönheiten der Insel sowie von der Geschichte der Kanaren und die ihrer Bewohner.

In den folgenden Tagen war ich beschäftigt, das Meerwasser zu genießen, denn mittags war es in der Sonne durchaus heiß, sodass ich genug erwärmt war, mich in den atlantischen Ozean zu trauen, der relativ kalt war. Nach kurzer Zeit schon war ich gut gebräunt und ziemlich fit vom vielen Schwimmen und Strand laufen. Ich war begeistert, kilometerweit neben der Küste entweder auf der Strandpromenade oder auf einer Nebenstraße parallel dazu, zu promenieren, wo es einen Laden nach dem anderen gab und alles mögliche erstehen konnte.

Ich gewöhnte mir an, täglich bis zur Playa de las Americas zu Fuß zu gehen. Oft begleitete mich Peter, der in Los Cristianos einen Bungalow am Strand hatte und mich auch einlud, mit ihm den Norden Teneriffas zu erkunden. Nach ein paar Wochen konnte ich es mir zwar nicht mehr vorstellen, nach Wien zurück zu fliegen, aber es war mir auch klar, dass ich als Österreicherin hier keine Arbeit bekam, wir waren noch nicht bei der Europäischen Union. Also fuhr mich Peter mit seinem geliehenen Auto quer durch die Insel. Wir fuhren zuerst durch die Canadas, zum Teide, den höchsten Vulkan auf den Kanaren, dann in die Hauptstadt Santa Cruz, nach Orotava, nach Puerto de la Cruz und wieder in den Süden, nach Puerto de Santiago bei Los Gigantes und wieder nach Las Americas und dann nach Los Cristianos.

An einem anderen Tag fuhren wir nach Masca, einem kleinen Bergdorf, wo wir die grüne Landschaft mit den bizarren Felsen bewunderten und eine Weile einem Weg entlang wanderten, wo wir Verkaufsstände sahen, die hochwertigen Safranersatz verkauften. Dann kehrten wir in ein Gasthaus ein, von dessen Terrasse man das Tal überblicken konnte.

Später zog es es mich auch nach Güymar, das war die andere Richtung. Hier standen alte Pyramiden, von denen man nicht wirklich weiß, wann sie erbaut wurden.

Peter flog bald wieder nach Hause und ich musste ebenfalls langsam daran denken. Zuvor hatte ich einige Holländer kennen gelernt, die in Alcala, in der Nähe von Puerto de Santiago lebten, wo die gegenüberliegenden Felsen von Los Gigantes mich immer wieder beeindruckten. Arnold lud mich für ein Wochenende zu ihm ein und ich nahm die Einladung an. Dort wohnten auch noch ein Paar und ein Mann namens Jan. Sie arbeiteten alle für ein Reisebüro und lebten hier schon ein Jahr in einer Wohngemeinschaft.

Alcala ist nur ein kleiner Ort, ein Fischerdorf, aber seit der Tourismus blühte, hatte es sich entwickelt. Von außen sahen die Gebäude nicht besonders gut aus, die Fassaden waren nicht verputzt, nur innen war es schön. Arnold erklärte mir, dass es steuerliche Gründe hätte, dass die Einheimischen die Fassaden nicht machten.

Das Haus, wo die Holländer wohnten, war direkt am felsigen Strand. Baden konnte man hier nicht, es waren nur Klippen und Felsen. Arnold führte mich aber über Holztreppen und Stege, die zwischen den Felsenklippen gebaut waren hinaus auf das Meer. Diese Stege waren für die Fischer gebaut worden und sie waren sehr alt.

Lange saßen wir versunken auf dem Holzsteg auf unseren Jacken und genossen die Brise, die vom Meer her immer wehte. Arnold erzählte mir, dass es noch einige Guanchen gäbe, das war das einheimische Volk, bevor die Inseln von den Spaniern eingenommen wurden. Das wunderte mich, denn ich habe gelernt, dass die Guanchen bis zum letzten Mann und bis zur letzten Frau ausgerottet wurden. Sie waren angeblich groß und blond. Arnold klärte mich auf, dass es noch welche gäbe, besonders in Gomera, denn viele hatten sich damals in Höhlen versteckt.

Es war ein interessantes Wochenende und wäre ich nicht die darauf folgende Woche nach Hause geflogen, hätte ich mich wahrscheinlich in Arnold verliebt.

Es zog mich in der letzten Woche noch einmal zum Yachthafen bei Los Gigantes und ganz allein fuhr ich mit dem öffentlichen Bus. Für die Fahrt musste ich nur ein paar Pesetas zahlen. Nachdem ich den Hafen und die Innenstadt noch lange bewundert hatte, ging ich zu Fuß nach Santiago. Dort setzte ich mich an den Strand. Es war bereits spät am Nachmittag und die Sonne war nicht mehr so stark, dass sie mich verbrennen konnte. Es war bereits Mitte Februar und am Tag war es schon richtig heiß. Der warme afrikanische Wüstenwind hatte die Woche davor alles mit rotem Sand bedeckt und beim Gehen musste man dabei regelrecht gegen den Wind ankämpfen. Aber er brachte auch richtig warmes Wetter.

Ich hatte es mir im schwarzen Lavasand gemütlich gemacht und als ich so selbstvergessen in Richtung Meer blickte, das so weit reichte, bis Himmel und Wasser am Horizont zusammen trafen, tauchten Bilder vor mir auf und ich befand mich wieder ganz spontan in einer Traumvision.

Ich bin wieder eine junge Frau, diesmal groß und blond, wie fast alle hier. Nur einige meines Volkes hatten rote Haare und waren etwas kleiner; manche hatten auch eine dunklere Haut, dennoch waren sie hell. Diese Insel ging von den heutigen Kanaren im Süden bis zum heutigen Island im Norden, so groß war sie. Im Osten erstreckte sie sich bis zu den heutigen Kanalinseln und im Westen bis zum heutigen Kuba. Ganz im Norden hatte sich eine Rasse herausgebildet, die besonders hoch gewachsen war, blond und helläugig. Diese nördliche Provinz nannten sie "Thule". Alle Provinzen auf der Insel waren autonome Königreiche. Aber alle Königreiche waren vereinigt und sie nannten sie "Konföderation von Atlantis".

Man sagte, dass in alten Zeiten die Menschen hier in unterirdischen Wohnungen lebten, wo es im Winter warm und im Sommer kühl war. Es waren weit ausgebaute, unterirdische Städte und das Licht wurde durch eine bestimmte Technik von außen nach innen gespie-

gelt. Aber dann hat sich das Klima gemäßigt und sie bauten ihre Häuser auf der Erdoberfläche.

Ihre soziale Struktur war tolerant und gerecht, auch Mann und Frau waren gleichberechtigt. Sie hatten zwar ihre Rollen, aber im „Rat der Weisen" waren sie gleichermaßen beteiligt. Sie waren friedlich und lebten eingebunden in der Natur und mit Respekt vor jedem Wesen. Sie bauten Gebäude mit hohen Hallen und gewölbten Decken. Die Häuser hatten hohe Giebeldächer und alles strebte förmlich in den Himmel. Diesen Stil würde man heute „gotisch" nennen. Sie kannten Glas und hatten inzwischen auch eine entwickelte Heilkunst.

Im Laufe vieler Jahrtausende jedoch verschoben sich die Pole wieder und es wurde dort sehr kalt. Sie waren nun damit beschäftigt, in erster Linie für ihren Lebensunterhalt zu kämpfen. Sie suchten nun zwar die wunderbare Welt im Inneren der Erde, wo es angeblich paradiesisch schön und warm war, aber es war zu lange her, dass ihre Urahnen darin lebten und die Eingänge blieben ihnen verschlossen. Bald reihten sich die Geschichten über eine „innere Welt" in die Reihe der Märchen und Legenden.

Durch den Kampf um das tägliche Überleben vergaßen sie bald das hohe geistige Wissen ihrer Ahnen und sie verrohten zusehends. Männer und Frauen waren nun nicht mehr gleichberechtigt. Das stärkere Geschlecht hatte den Vorrang. Schließlich hatten nur mehr die Männer das Sagen und die Kultur veränderte sich in eine von Macht und Ehrgeiz durchtränkte Richtung. Das war eine falsche Richtung und brachte auch kein Glück. Sie mussten nun den ganzen Tag arbeiten, um leben zu können und die sozial Schwachen konnten überhaupt nur noch überleben. Die sozial Starken mussten nicht so hart arbeiten, denn sie unterstützten sich gegenseitig, sodass die Kluft zwischen den sozialen Schichten immer größer wurde.

Aber nicht nur die Männer waren schuld für diese Entwicklung, denn die Frauen ließen dieses Denken auch zu, im gleichen Maße sogar. Sie entwickelten eine große technische Kultur, aber das alte Wissen über die Natur verloren sie immer mehr, je länger und weiter sie sich von der Natur entfernten. Einige Familien, die mit den nun herrschenden Patriarchen nicht einverstanden waren, das große Wissen ihrer Ahnen aber behalten haben und respektierten, ebenso die alte Lebensweise, begaben sich in die Berge, um mit Gleichgesinnten ein Leben in der alten Weise führen zu können.

Ich gehörte zu einer dieser Familien, die die alte Lebensweise respektierten und das war später auch mein Glück. Dazu zog ich mit einigen Weisen und deren Familien weit in eine südliche Provinz, wo es herrliche Berge und Wälder gab. Diese ganz südlichen und westlichen Provinzen waren kaum besiedelt. Mein Großvater gehörte zu den Leuten, die noch das "alte Wissen" hatten und er lehrte mich, sodass ich viel von den Ge-

setzen der Natur verstand. Dadurch wusste ich auch, wann zu säen und zu ernten war, ich verstand einiges über den Stand der Sterne und ihre Bedeutung und über die Naturheilkunde.

Im Norden hingegen wurde der König immer herrschsüchtiger und nahm bald alle Provinzen ein. Es kam zu Unabhängigkeitskämpfen. Um zu siegen, musste der König eine spezielle Kriegstechnologie entwickeln und holte sich die besten Ingenieure in seinen Staat. Bei der Entwicklung einer Strahlenwaffe kam es jedoch zu einem fürchterlichen Unfall, bei dem die ganze Insel betroffen wurde. Binnen eines einzigen Tages kam es zu gewaltigen Erdbeben und Vulkanausbrüchen und die Insel versank innerhalb eines einzigen Tages im Meer. Nur die Bergspitzen ragten noch heraus, die nun die heutigen Inselgruppen im Atlantik ausmachen.

Alle, die Boote hatten, flohen in diverse Richtungen, vor allen Dingen in den Süden, in den Osten und in den Westen und einigen gelang es wohl tatsächlich, die amerikanische Küste zu erreichen oder gar Europa. Nur wir, die wir in den Bergen in den südlichen Provinzen des nördlichen Königreichs lebten, flüchteten nicht, es war auch nicht notwendig, weil die Bergspitzen nicht versanken. Die einstigen Täler bildeten jetzt den Meeresgrund, aber wir waren geschützt in den Wäldern der Berge, die jetzt Inseln waren. Es veränderte sich zwar das Klima und das Land, sodass wir - wie in alten Zeiten - Höhlen als Wohnungen ausbauten, aber wir hat-

ten genug Süßwasser. Nahrung hatten wir ebenfalls ausreichend. Wir lebten hauptsächlich von Früchten und vom Fischfang.

Dank unserer ausgeglichenen Sozialstruktur konnten wir das Unglück schnell verkraften und waren sogar froh, dass uns kein machtgieriger König mehr bedrohen konnte und unsere Lebensweise verbieten.

Es war ein einfaches, aber glückliches Leben, das ich damals geführt haben musste. Ich sah, wie ich in einer Lagune schwamm, fröhlich und ausgelassen, während die Sonne schon tief am Horizont stand und durch die Äste eines Baumes blinzelte, der sie wie Arme in das Wasser hängen ließ.

gemalt und fotografiert von: Eva Lene Knoll

5
ALTES ÄGYPTEN

In diesem Fall hatte ich keine Traumvision vor oder während einer Reise, es könnte vielmehr eine Reflexion gewesen sein. Es geschah nach meinem Urlaub in Ägypten und zwar ziemlich genau zwei Jahre nachher. Es verwunderte mich, dass ich eines Nachts im Traum ganz deutlich folgende Geschichte erlebte. Es war so real, dass ich sie am nächsten Tag aufschrieb, wobei ich eine Frau namens "Ma-ana" als mich selbst erlebte.

So war ich im Körper einer hübschen Frau, dunkelhaarig mit leicht gebräuntem Teint. Sie lebte im Land des Nils. Ihr Name war, wie erwähnt, "Ma-ana" und sie war die Tochter von Amun-Re selbst und seiner Gemahlin Nebhut. Ma-ana gebar als junge Erwachsene einen Sohn, den sie "Seth" nannte.

Der Vater meines Kindes mit den Namen Usod war aus einer adeligen Familie eines Seefahrervolkes, das sich "Phöniker" nannte. Er war hellhäutig, hellhaarig und groß gewachsen. Er und noch zwei Männer, die ähnlich im Aussehen waren, waren eines Tages zu Gast bei Hofe meines Vaters und seinem Gefolge, wo auch meine Schwestern und ich zugegen waren. Dabei wur-

den auch großzügige Handelsgeschäfte gemacht, denn dieses exotische Volk kam bis über den persischen Golf auf der östlichen Seite hinaus und brachte von dort begehrte Ware wie Seide, Gewürze, edle Hölzer und Harze sowie noch viele andere Güter, die wir hier nicht hatten. Auf der westlichen Seite war ihnen die Küste Afrikas wahrscheinlich bis zu den Cap Verden bekannt.

Nachdem wir handelseinig wurden, wurde gefeiert. Dabei wurde auch gesungen und getanzt. Dazu wurden Trommeln geschlagen. Die schönsten Mädchen tanzten im Reigen und vor den Männern ihres Begehrens hielten sie besonders lange inne. Ich war damals noch sehr jung, aber da mir das gefiel und vor allen Dingen ein junger Mann, schmuggelte ich mich in die Reihe der Tänzerinnen. Es war Usod, der mich beeindruckte und ich verliebte mich sofort in ihn. Es war nicht sein exotisches Äußeres allein, das mich so anzog, es waren seine Augen und seine Ausstrahlung. Mit einem Schleier vor dem Gesicht tanzte ich speziell vor ihm und am Ende lüftete ich den Schleier kurz vor seinen Augen, so dass er mich später erkennen konnte.

Er war erstaunt, als er mich später als Tochter des Gott-Pharaos selbst kennen lernte und war offensichtlich ebenfalls sehr beeindruckt von meiner Ausdrucksweise, meiner Bildung, die meinem Alter weit voraus zu sein schien und natürlich auch von meinem Aussehen.

Das seefahrende Volk der Phöniker lebte lange in Al Qahera, dem späteren Kairo, zumindest so lange, bis alle Vertragsbedingungen erfüllt waren. So hatten wir Zeit, sich kennenzulernen, wobei das nicht so einfach war. Aber ich hatte treue Gehilfinnen wie meine Amme und eine Kammerdienerin, denen ich vertrauen konnte. Wir liebten uns und es kam der Tag, an dem Usod offiziell um meine Hand anhielt. Das wurde ihm jedoch nicht erlaubt. Wütend beendete mein Vater Amun-Re die Gastfreundschaft gegenüber dem Seefahrervolk und sie mussten abreisen.

Damit hatte ich nicht gerechnet, sondern erwartete vielmehr, dass mein Vater die Kraft der Liebe verstand und zählte auf seine Toleranz und seine Güte. Aber dem war nicht so. Ich sprach mit meiner Mutter Nebhut, die mir aber in diesem Fall keine Hilfe war, denn sie erzählte mir, dass auch sie verheiratet worden sei. Die Pflicht im Pharonenhaus wäre es, darauf zu achten, dass eine "göttliche" Nachfolge garantiert sei. Zum Trost sagte sie mir, dass sie mit der Zeit ihren Gemahl sehr lieb gewann.

Doch das konnte mich nicht wirklich beschwichtigen. Ich war sehr unglücklich und dachte daran, zu fliehen. Doch als ich feststellen musste, dass unsere Liebe Folgen hatte, war es dazu zu spät und ich hatte keine Hilfe von außen. Die Phöniker waren abgereist, sodass ich auch Usod keine Nachricht über meinen Zustand und meinen Willen zu fliehen, zukommen lassen konnte.

Das Schicksal nahm seinen Lauf und als mein Zustand offensichtlich wurde, wurde ich von meinen getreuen Dienerinnen abgeschottet. Still bekam ich mein Kind. Bald musste ich erkennen, dass das Kind und ich ständig in Todesgefahr waren, denn es ließ sich am Ende doch nicht verbergen, dass ich ein Kind geboren hatte und stillte. Immer wieder gab es Anschläge auf den Jungen, den ich "Seth" nannte und mich, denn er war nicht erwünscht, weder von meinen Eltern, die es schließlich doch wussten, aber schon gar nicht von meinen Geschwistern Osiris und Isis, wäre er doch das erste männliche Kind und dementsprechend der Erbe des Reiches. Meistens geschahen die Anschläge durch Gift, die ich aber immer zu verhindern wusste, indem ich alles, was getrunken und gegessen wurde, vorkosten ließ. Das ging aber nicht so weiter, denn es gab viele unschuldige Tote.

Als Seth vier Jahre war, ließ mir mein Vater ausrichten, dass ich in ein Kloster des Sonnengottes kommen würde, um dort Adeptin zu werden. Mir würde es nicht erlaubt sein, jemals zu heiraten und mein Sohn würde als Sohn von Amun-Re und Nebhut erzogen werden, obwohl sie die Großeltern waren, Das war unwiderruflich und mir war klar, dass ich ab diesem Zeitpunkt meinen Sohn nicht mehr vor meinen eifersüchtigen Verwandten schützen konnte. Später wurde von meinem Vater noch ein kleiner Junge geboren, Er war von einer Nebenfrau und bekam den Namen "Osiris", der später seine Halbschwester Isis heiratete. Die beiden bekamen einen Sohn namens "Horus", aber das war viel später und in der Zukunft würden sie mit meinem Sohn rivalisieren.

Mit Hilfe meiner Getreuen musste ich also etwas tun, um meinen Sohn zu schützen und so entschloss ich mich, Seth in einem Schilfboot am Nil auszusetzen. Ich war darüber sehr traurig, aber es war der einzige Weg. Ich weinte viele Tränen, die nicht mehr zu versiegen schienen.

Der Junge war noch dazu blondgelockt und hellhäutig wie der Kindesvater, was so gar nicht in die Vorstellung meines Volkes passte, aber es war eben so. Meine treue Kammerdienerin und ich warfen allerdings einen Blick auf ihn, als er allein im Boot lag und achteten darauf, dass Seth alsbald gefunden wurde. Das Boot mit meinem kleinen Jungen wurde von einer mächtigen Familie gefunden. Seth wurde von ihnen wie ein eigener Sohn behandelt, da sie selbst keinen männlichen Nachfolger hatten. Diese Familie war mit den Phönikern verbündet und ebenfalls gute Nautiker. Sie waren auf dem Weg nach Kleinasien.

Meine und diese Familie waren rivalisierend, denn immerhin waren sie mit den Phönikern im Bunde, deren erfolgreiche Ära auch in Ägypten erst einige Zeit später begann.

Der Name "Seth" blieb meinem Sohn auch bei der Adoptivfamilie der Phöniker erhalten, da der Name in silbernen Lettern von mir auf sein Gewand gestickt war und auch der des Vaters "Usod". Das Gewand und die Beigaben zeichneten Seth als einer Adelsfamilie zugehörig aus, was den Findern - der Familie der Seefahrer - die Annahme des Kindes leichter machte. Es sollte sein, dass ungefähr zehn Jahre später die Familie, als sie wieder einmal mit den Phönikern Handelseinkommen vereinbarten, auch Usod kennen lernten.

Sie dachten, es wäre das Recht des Kindes, das inzwischen 14 Jahre alt war, seinen leiblichen Vater kennen zu lernen und stellten Seth und Usod einander vor, nachdem sie Seth vorher über alles aufgeklärt hatten. Usod nahm seinen Sohn in die Arme, von dem er nie etwas gewusst hatte. Er weinte vor Freude. Usod hatte nie eine Frau geheiratet, für ihn blieb ich zu meinem Glück unvergessen. Er erzählte unsere Geschichte und konnte dadurch Licht in die Sache bringen, wie es zu der Aussetzung meines Kindes kam. Seth war damals alt genug, um sich an mich erinnern zu können, aber die Umstände, wie damals seine Aussetzung geschehen war, als er eines Nachts in Decken eingehüllt und mit Pflanzendrogen eingedämmert, in ein Boot gebracht wurde, war für ihn ein Trauma.

Er hatte die Erinnerung bis dahin verdrängt, aber ich tat es zu seinem Wohl, auch dass ich ihm Pflanzendrogen gab, um ihn zu beruhigen während dieser einsamen

Bootsfahrt. Er konnte sich nur erinnern, wie ich und die mich begleitende Frau weinten, als sie das taten. Dann erinnerte er sich nur mehr daran, als man ihn aus dem Boot fischte und auf ein großes Schiff brachte, wo er sich zuerst einmal ausruhen konnte.

Es kam eine freundliche Frau zu ihm, die jetzt seine Ziehmutter war und erklärte ihm behutsam, dass er nun eine Weile bei ihnen sein müsse, da seine Mutter krank war. Das war natürlich erfunden, aber was sollten sie sonst einem kleinen Kind sagen? Einige Jahre später erfanden sie, dass die Mutter gestorben sei, um zu erklären, warum sie ihn niemals wieder zurück nach Al Qahera brachten. Nun erfuhr er, dass sie doch noch lebte und sogar sein Vater. Er erfuhr, dass er eigentlich der erste männliche Nachfahre des Pharaos war, denn seine Mutter hatte nur Schwestern und einen Halbbruder, der aber jünger war.

Als Seth erwachsen wurde, wurde ihm das richtig bewusst und auch sein Halbbruder Osiris und sein Neffe Horus wussten über seinen Rivalen. Seine Tanten Isis und Nephtys" hatte er nie persönlich kennen gelernt.

Als er dreißig war, fuhr er mit einem Schiff und seinem Gefolge zurück nach Al Qahera und gab sich zu erkennen, zusammen mit seinem Vater Usod. Er beanspruchte den Thron und da in der Zwischenzeit Amun-Re verstorben war und der schwächere und jüngere Osiris am Thron saß, gewann er nach kurzer Zeit die

Oberhand beim Volk. Dadurch, dass das Volk großteils hinter ihm stand, gelang es ihm tatsächlich, kurzfristig auf den Thron von Ober- und Unterägypten zu kommen, nachdem er vorher nur über Unterägypten die Herrschaft gewann. Osiris war Herrscher von Oberägypten. Seth holte mich aus dem Kloster und die Wiedersehensfreude mit ihm war groß. Er führte mich zu Usod und wir stellten beide fest, dass wir uns nach so langer Zeit noch immer liebten. Nun konnten wir uns endlich vermählen und waren sehr glücklich, uns wieder gefunden zu haben.

Das war eine gute Zeit für alle. Seth war - entgegen der historischen Meinung - ein hochgewachsener, blonder Mann und kam äußerlich ganz nach seinem Vater, der mehr wie ein Nordländer als ein Ägypter aussah. Er war klug und gebildet und es war eine erfolgreiche Zeit für Ägypten in jener Ära, wo sie mit den Phönikern im Bunde waren, denn sie waren nun ja verschwägert. Dadurch, dass die Phöniker ein geschicktes Handelsvolk waren und gute Nautiker waren, kamen sie viel in der Welt herum und brachten viele Waren mit, so dass es in Ägypten zu dieser Zeit keine Armut gab. Seth war ein guter Herrscher, er war tolerant und sanftmütig und liebte Gerechtigkeit und Wohlstand für alle. Er war klug und es gelang ihm, innerhalb kurzer Zeit ein funktionierendes, soziales System aufzubauen.

Doch ungefähr zehn Jahre später wurde auch der Sohn von Isis und Osiris erwachsen und obwohl Horus noch sehr jung war, gerade erst achtzehn, war er schon ein starker und tapferer Krieger. Er wollte die Macht wieder an sich reißen und die Regentschaft seinen Eltern übertragen. Er war sehr geschickt im Umgang mit der Jagd mit Falken, darum wurde er auch "Der Falke" genannt. Horus scharte viele Anhänger um sich und es gelang ihm schließlich, meine Familie zu stürzen. Das hätte für Seth und uns den Tod bedeutet, aber es gelang ihm rechtzeitig, mit einem großen Schiff zu flüchten, zusammen mit uns. Ich war es, die Seth warnen konnte, da ich durch meine magischen Einweihungen im Kloster einiges mehr wusste, als die anderen. Ich konnte die Zukunft sehen und die uns verfolgenden Ägypter konnten uns nicht einholen und auch sonst konnte uns niemand was anhaben.

Ich beherrschte die Elemente des Feuers, des Wassers, der Erde und der Luft und konnte auf die Verfolger Wirbelwinde schicken und Sturmfluten auslösen - und wenn es notwendig war, konnte ich auch eine Feuersbrunst auslösen, aber das richtete immer großen Schaden an.

Die Mannschaft des Phöniker-Schiffes unter der Führung Seths bestand aus vielen starken, jungen Frauen und Männern seiner Familie väterlicherseits, seiner phönizischen Familie also.

Zuerst segelten wir nach Westen und fuhren durch die Meerenge von Gibraltar, dann weiter nach Südwes-

ten, wo sie auf fruchtbare Inseln stießen, die fast menschenleer waren. Dort konnten wir unsere Wasserbehälter auffüllen und Früchte einlagern. Wir konnten in den Wäldern auch einige wilde Tiere jagen, von denen wir das Fleisch für die Weiterfahrt eintrocknen und lagern konnten. Einige Leute der Besatzung, die nicht mehr weiterfahren wollten, ließen sich auf diesen Inseln nieder, überhaupt die, die in der Zwischenzeit Eltern geworden waren und eine Heimat suchten, wo sie einen festen Wohnsitz haben konnten. Sowieso waren auf dem Schiff inzwischen zu viel Leute zu versorgen.

Das war in der Gegend der heutigen kanarischen Inseln. Die Mehrzahl der Mannschaft segelte mit uns weiter und wir kamen dabei immer mehr in den heutigen Norden, wo es damals grün und warm war, da die Pole sich damals woanders befanden als jetzt.

So kamen wir schließlich zu einer großen Insel, die man jetzt als Island kennt und noch weiter nach Norden, wo heute ungefähr Grönland ist.

Dort blieben wir endlich, weil wir an diesem Ort ein wahrliches Paradies gefunden hatten und wir gründeten eine Stadt, die wir "Oden" nannten. Diese Gebiete waren ebenfalls fast unbewohnt. Das einheimische Volk war den Phönikern ähnlich, nur war es meist rothaarig und kleiner. Sie waren feinsinnig und geschickt und kannten Geheimnisse über die Natur, die dem unseren Wissen überlegen war. Sie vermischten sich mit uns und da sie "Phöniker" nicht aussprechen konnten, nannten sie uns "Feeniker" oder kurz "Feen", so wie sie sich später, als sie vollkommen mit dem Volk der Phöniker, mit uns also, aufgegangen waren, auch selber nannten. Ihr Land nannten sie einfach "Die Feen-Inseln". Sie waren einst aus einem anderen Land gekommen, das längst im Meer untergegangen war.

Man kann sich fragen, wie es das gibt, dass man eine so lange Geschichte in einer einzigen Vision oder einem Traum erlebt. Aber so ist das bei mir, wenn auch äußerst selten. Das geschieht nur ungefähr alle 10 Jahre. Wenn ich dann "erwache", das heißt, in das normale Tagesbewusstsein zurück komme, bin ich oft lange noch völlig aufgelöst und im Falle, wo ich als Ma-ana meinen Sohn Seth wiedersah, war ich noch nass vor Tränen der Wiedersehensfreude und des Loslassens des Schmerzes der Trennung mit ihm, die vorher geschah.

Alles hat Parallelen in meinem Leben und vieles wurde durch diese Traumvisionen gelöst, auch wenn ich diese Puzzle-artigen Stücke erst später zusammenfügen konnte.

Ich weise nochmals darauf hin, dass ich bei meinen Erzählungen der Träume oder Visionen die Namen manchmal aus historischen Berichten, Sagen und Legenden entnommen habe. Die Namen lebender Perso-

nen habe ich in all meinen Geschichten zu deren Schutz geändert.

Wie sehr ich mit dieser Kultur verbunden war, zeigte mir auch eine andere Vision aus den frühen 90er-Jahren, wo ich innerhalb einer Pyramide herumging und dabei Schriften las, die von Toth, dem Atlanter, besser bekannt als Hermes Trismegistos, geschrieben waren.

Viel später fand ich per Zufall einen Text, der von C.G, Jung ins Deutsche übersetzt wurde. Die Quelle wurde einem gewissen Basilides, der in Alexandria lebte und wirkte, zugeschrieben. Allerdings wird auch spekuliert, dass Basilides und Hermes Trismegistos, der besonders durch seine "hermetischen Gesetze" und dem "Kybalion" bekannt wurde, ein und dieselbe Person gewesen seien.

Den Text will ich nicht vorenthalten, habe ihn aber wegen der Verständlichkeit in ein moderneres Deutsch übersetzt als C.G. Jung, wobei ich auch auf eine "wissenschaftlichere" Sprache, die erst in den letzten Jahrzehnten geläufig wurde, zurückgreife. Diese neueren Begriffe beziehen sich besonders auf die Geisteswissenschaften. In diesem Text ist, wenn er in der 1. Person geschrieben wird, immer Basilides gemeint und wenn er in der 3. Person Mehrzahl geschrieben ist, sind immer die Toten gemeint. Der Titel würde auch besser „Die sieben 'Belehrungen an die Toten" lauten anstatt, wie im Original,

„Die sieben Belehrungen der Toten".

Er würde dann gemäß meiner deutschen Übersetzung vom alten Text etwa wie folgt lauten:

"NUIT (in der Nacht):

SERMO I

Von Jerusalem kamen Seelen einiger Verstorbener zu mir, weil sie dort nicht fanden, wonach sie suchten. Sie baten mich, sie zu lehren und das tat ich.

Ich sagte zu Ihnen, dass ich mit dem Anfang beginnen werde und erklärte Ihnen, dass am Anfang nichts war. Nichts, das Alles ist. Alles was ist, war also schon am Anfang. Unendliche Fülle war da oder Leere, aber diese Leere war voll an Möglichkeiten mit allen möglichen Beschreibungen, denn diese war ungeteilt, unendlich und ewig und hatte keine Eigenschaften. Wir nennen das Alles-was-ist.

Dort gibt es kein Denken mehr und kein Unterscheiden, denn es gibt in diesem Urzustand keine Eigenschaften, da es nichts gibt, was geteilt wäre, das heißt, es gibt dort keine Teilchen. Rein virtuell ist aber dort alles vorhanden. Aber wenn wir in diesen Urzustand einkehren, lösen wir uns auf - materiell gesehen.

In diesem Urzustand, der das Muster oder die Information von Allem was ist und je sein wird enthält

(Hintergrundfeld), gibt es noch keine Geschöpfe. Es ist der Urgrund, wo jedes Geschaffene anfängt und endet. Es ist nicht stofflich. Das Geschaffene ist aber aus diesem Urgrund entstanden. Es ist kein Teilchen darin, die Teilchen sind aus ihm entstanden. Das heißt aber auch, alle Teilchen, auch wir, haben alle das selbe Muster, die selbe Information in uns. Dieses Muster ist unveränderlich und vollkommen. Wir sind sogar das Muster selbst und so wie wir jetzt Teile sind, sind wir trotzdem ein Ganzes (wie ein Holon im Holofeld sozusagen). Wir haben im Kleinsten das gleiche perfekte Muster wie im Größten (wie in einem Hologramm). Trotzdem sind wir uns dessen nicht bewusst, deshalb sind wir Teile geworden und in Raum und Zeit gefallen (um uns selbst zu spiegeln und zu erkennen).

Trotzdem ist das kleinste Teilchen das es gibt, im Wesen unendlich, ewig und vollkommen, denn groß oder klein gibt es nicht im Urzustand, da es dort auch keinen Raum und keine Zeit gibt. Alles was ist, ist ungeteilt. Wir sind aber auch alles. Nur das ist unser ganzes Sein, aber es ist uns nicht bewusst.

Warum aber sprechen wir vom Urgrund, wo doch alles nichts ist? Weil ich von Anfang an beginnen will. Damit nehme ich euch auch die Vorstellung, dass ihr irgend etwas Getrenntes nach Außen oder Innen seid oder etwas Festes oder Bestimmtes seid. Das ist alles nur relativ. Nur der ewige Wandel ist uns bestimmt. Das, was sich wandelt, ist wieder nur das Geschaffene, denn das hat feste, ganz bestimmte Eigenschaften, es trägt sie in sich.

Nun fragt ihr mich sicher, wie die Geschöpfe überhaupt entstanden? Sie sind entstanden und zwar nicht einzeln, sondern viele gleichzeitig (gepolt und als Gegensatzpärchen), denn im Urgrund ist ja das Ungeteilte, das noch nicht in der Materie manifestiert ist. Aber das Muster, das im Urzustand ist, ist unveränderlich wie der Tod. Die Teilchen (Materie) sind aus dem Urgrund entstanden (Anmerkung: zuerst Quantenfluktuationen, dann Schwingungen, woraus in den Schwingungsknoten vermutlich Teilchen entstanden - lt. Quantenphysik). Die schon gepolten Teilchen entstehen und löschen sich gegenseitig wieder aus. So trägt der Urgrund zwar in seinen Möglichkeiten alle verschiedensten Zustände die es gibt, ist aber ungepolt und ungeteilt.

Das Geschaffene, die Materieteilchen sind immer verschieden. Die Unterschiedlichkeit ist das Wesen der vielfältigen Teilchen, darum sind sie auch besonders. Und darum ist der Mensch etwas Besonderes, weil wir uns alle unterscheiden und uns immer unterscheiden wollen (Anmerkung: der Mensch kann in seinem Wesen das Nichts, das Alles ist, nicht verstehen, weil er selbst gepolt ist und in der Dualwelt lebt).

Darum spricht der Mensch trotzdem immer wieder von den Eigenschaften des Urgrunds, die es so aber nicht gibt.

Ihr fragt mich, was es nützt, überhaupt davon zu sprechen, wo ich doch selbst schon sagte, dass wir die Ungeteiltheit so und so nicht verstehen? Nun, ich sage euch das, damit ihr erkennt, dass ihr es tatsächlich nicht versteht. Wenn wir von Eigenschaften des Urgrunds reden, so denken wir wieder in Unterscheidungen und die gibt es einfach nicht im Urgrund. Wenn wir aber davon reden, erkennen wir wenigstens, wie unterschiedlich wir selbst von der Ungeteiltheit denken. Aber wenn wir uns nicht unterscheiden, fallen wir in den Urgrund zurück. Darum müssen wir unterschiedlich sein (Anmerkung: sofern wir in der materiellen Welt bleiben wollen). Ihr fragt mich jetzt, was es denn schaden könne, sich nicht zu unterscheiden? Wie gesagt, dann wären wir keine Teilchen der Materie mehr und gehen zurück in den Urgrund. Wir wären dann selbst in der Ungeteiltheit des Urgrunds, in der Einheit also.

Das nennen wir dann „Tod". Also, solange wir uns nicht unterscheiden, sterben wir als materieller Körper. Weil wir das nicht wollen, streben alle Geschöpfe danach, etwas Besonderes zu sein, das ist ein Kampf gegen den Urzustand der absoluten Ungeteiltheit.

Das ist das Prinzip der Individualisierung. Dieses Prinzip ist das Wesen der Schöpfung (Muster, Natur-

gesetz). Ihr seht also – falls wir den Tod vermeiden wollen – es ist sogar gefährlich, sich nicht zu unterscheiden. Darum denken wir dual. Das heißt, wir denken in Gegensatzpaaren, zum Beispiel:

Das Wirksame – das Unwirksame, die Fülle – die Leere, das Lebende – das Tote, das Verschiedene – das Gleiche, das Helle – das Dunkle, das Heiße – das Kalte, die Energie – die Materie, Zeit – Raum, das Gute – das Böse, das Schöne – das Hässliche, das Eine – das Viele und so weiter.

Diese Gegensatzpaare gibt es im Urzustand nicht, hier ist alles aufgehoben. Da wir aber selbst in Wirklichkeit ungeteilt sind (das Muster), so haben wir auch alle diese Eigenschaften (und zwar wirklich alle). Der Grund des Wesens des materiellen Geschöpfes ist aber die Verschiedenheit, darum sind wir in der Dualwelt, das heißt, diese polaren Eigenschaften haben wir selbst kreiert (so dass wir das Eine oder das Andere mehr ausleben). Das hebt sich dann nicht auf (der vorwiegend positive oder negative Teil kommt dann zum Tragen). Wir selbst sind ja nicht im Zustand der Ungeteiltheit.

Zweitens: Diese Eigenschaften sind alle im Urgrund enthalten und wir, als materielle Geschöpfe, sofern wir das auch bleiben wollen, müssen auch in der Dualwelt leben (gepolt sein) und zwar auf unterschiedlichster Weise, da sonst die positiven und die negativen Pole wieder zusammengefügt werden und sich neutralisie-

ren, denn im Urzustand selbst gibt es keine Polarisierung. Aber bei uns – in der materiellen Welt – muss das so sein. Im Urzustand ist die Dualwelt „erlöst". Wenn wir nach dem Guten und dem Schönen streben, vergessen wir unser Wesen und fallen gerne in die Einheit des Urgrunds, wo die gegensätzlichen Eigenschaften aufgelöst sind. Wir bemühen uns darum, aber gleichzeitig nehmen wir wahr, dass es das Schlechte und Hässliche gibt. Unserem Wesen bleiben wir immer treu wenn wir unterscheiden und daher fallen wir nicht in den Urzustand zurück, in die Auflösung.

Wenn ihr jetzt sagt, dass das Verschiedene und das Gleiche auch Eigenschaften der Einheit sind und wir in der Verschiedenheit unserem Wesen treu bleiben und aus diesem Grund in der Folge auch die Gleichheit erleben müssten, eben weil es zum Gegensatzpaar gehört, dann kann ich nur antworten: Der Urgrund hat keine Eigenschaften. Solche Schlussfolgerungen schafft nur unser Denken. Egal, ob Verschiedenheit oder Gleichheit, das sind alles Eigenschaften. Wenn ihr aber schließlich die Nichtexistenz der Eigenschaften erkennt, fällt ihr in die Einheit des Urgrunds und in diesem Urzustand geht ihr auf (Anmerkung: Erleuchtung). Doch euer ganzes Wesen ist gepolt, ihr könnt daher gar nicht in nicht-dualer Weise denken, ihr trägt die Dualität immer in eurem Wesen. Wenn ihr das Streben in eurem Wesen hättet, nämlich ungeteilt zu sein und damit in der Ein-

heit, würdet ihr gar nicht nach dem Urzustand fragen brauchen, denn dann wärt ihr selbst in der Einheit.

Da ihr aber anders denkt, muss ich euch jetzt belehren.

SERMO II

Die Toten standen aufgereiht und riefen: „Wir wollen von Gott wissen, wo ist er? Ist Gott tot?" Ich antwortete, dass Gott nicht tot sei, er ist lebend wie immer. Aber Gott selbst ist ebenso ein Geschöpf, denn er ist etwas Bestimmtes und daher vom Urgrund verschieden. Gott trägt selbst eine Eigenschaft des Urzustandes und das Gesagte gilt auch für ihn.

Er unterscheidet sich von anderen Geschöpfen nur dadurch, dass er nicht erklärbar ist, er ist auch nicht bestimmbar und nicht vorhersagbar. Der Grund seines Wesens ist Fülle und er erzeugt Fülle. Aber alles, was nicht unterschiedlich ist, fällt in den Urgrund zurück (Anmerkung: die Pole heben sich gegenseitig auf). Also, wenn wir Gott nicht unterscheiden, bekommen wir auch keine Fülle. Gott ist aber trotzdem Alles-was-ist selber, so wie jedes kleinste Teilchen auch.

Das Gegenteil, die Leere, ist das Wesen des Teufels. Gott und Teufel sind die ersten Geschöpfe aus dem Urgrund. Das Alles und das Nichts hebt sich aber im Urgrund auf.

Da aber Gott und der Teufel Geschöpfe sind, die in ihrem Wesen also das Streben nach Verschiedenheit in sich tragen, heben sie sich nicht auf, sondern sie sind ein Gegensatzpaar. Wir brauchen keinen Beweis für ihr Sein, wir sprechen ja andauernd darüber. Auch wenn sie nicht mehr wären, so würden sie immer wieder neu erschaffen. Alles was unterschiedlich ist, fällt vom Urgrund heraus in die Dualwelt, daher gibt es neben Gott auch den Teufel, denn das ist so in der Welt der Gegensätzlichkeiten, denn sie gehören zusammen als Einheit. Die beiden sind allerdings der Einheit am Nächsten, dort, wo alle Gegensätze aufgehoben sind.

ABRAXAS

Der Unterschied zwischen Gott und Abraxas ist sprachlich der, dass wir Gott 'Helios' oder 'Sonne' nennen.

Abraxas ist die Wirkung und ihm steht gar nichts gegenüber als die Nicht-Wirkung. Abraxas entfaltet seine Wirkung, da die Nicht-Wirkung eben nicht wirkt, das heißt, seiner Entfaltung steht nichts entgegen. Abraxas steht über Gott 'Sonne' und über den Teufel.

Er hat keinen Gegensatz, denn das, was sein Gegensatz wäre, ist die Nicht-Wirkung und damit unwirksam. Hätte der Urzustand ein Wesen, so wäre Abraxas das Bewusstsein dieses Wesens, der den Urzustand überhaupt zum Leben erwecken kann.

Er ist zwar der Wirkende selbst, aber er bewirkt nichts Bestimmtes, er gibt der Wirkung keine Richtung. Gleichzeitig ist er auch ein Geschöpf, da er anders ist als der Urzustand. Gott 'Sonne' hat eine bestimmte Wirkung, auch der Teufel hat eine, das ist der Grund, warum sie uns selbst als Schöpfer vorkommen, aber von Abraxas wissen wir nicht, wie er wirkt. Abraxas ist Energie, Wandel, Schwingung....

Da protestierten die Toten..."

Wer den Text in der alten Übersetzungsform zu Ende lesen will, dem empfehle ich den entsprechenden Literaturhinweis. Es ist sehr interessant, wie schon damals die antiken Menschen über den Kosmos und seine Erschaffung dachten sowie über das Denken der Menschen,. Das heißt, sie erkannten die Begrenzung, nur in dualer Weise denken zu können. Die Philosophie, die aus dieser Schrift hervorgeht, entspricht auch den modernen Auffassungen und ist ganz bestimmt nachvollziehbar.

Jener Basilides gehörte zu einem uralten Orden, der im alten Ägypten als "Schlangenorden" bezeichnet wurde und der im Geheimen auch im Mittelalter in Europa weiter wirken konnte. Die Schlange ist in diesem Fall nicht die Verkörperung des "Bösen", so wie sie im Christentum dargestellt wird, sondern sie verkörpert hier die Weisheit, die Heilkunst und die Unendlichkeit.

Diese geheimen Orden aus dem Orient haben besonders mit dem als "Templer" bekannten Kreuzritterorden zusammengearbeitet, die einst von der Kirche gegründet und später wieder verschmäht wurde. Es wurde ihnen vorgeworfen, dass sie Magie betrieben und wurden zumindest offiziell im frühen 14. Jahrhundert ausgerottet.

In diesem Orden gab es auch eine Frau, die Marquesa Antonia Contanta, die bei dem Buch "Das kleine Handbuch der geheimwissenschaftlichen Tempelritter" (siehe Quellen und Literaturhinheise) wesentlich mitgewirkt hatte. Von ihr stammt der folgende Text:

"Magie der Zeiteinheiten

(1) Die Zeit ist nicht eine einzige, nein, vier verschiedene Zeiten gilt es, zu erkennen und zu benutzen. Darin liegen die Es ARCANUM ABRAXUM, des magischen Umgehens mit der Zeit, mit den Zeiten.

(2) Zwei Zeiten heißt es in dieser Welt, zwei Zeiten gibt es im Jenseits und übrigens gibt es die Zeitlosigkeit, die allein dem Göttlichen gilt.

(3) Die erste Erdenzeit ist jene, die alle kennen, nach der die Menschen Jahr, Tag und Stunde benennen. Diese ist da hier allgemein von Bedeutung.

(4) Im magischen Handeln wird diese häufig durchdrungen von der zweiten Erdenzeit und dieser liegt zu Grunde das folgende:

Als Gott der Herr, welcher ist Christus, die Erde mit Allem was zu ihr gehört erschaffen hat, da erschuf Er auch alle Zeiten auf einmal. Er selbst steht ja über jeglicher Zeit. Darum sieht der Blick Gottes auch alles immer zugleich, sämtliches ist für ihn allzeit da. Das, was wir Vergangenheit nennen, das, was wir als Gegenwart erleben und das auch, was wir Zukunft heißen. Alle Zeiten sind eine Zeit nur für Gott und die gottähnlichen Wesen des Jenseits. Alles ist also immerzu da, auf eine für uns Menschen kaum merkliche Weise."

Anmerkung zu den Punkten (1) bis (4)

Um das Geheimnis des Schlüssels des ABRAXAS', der das magische Umgehen mit der Zeit beschreibt, zu enträtseln, muss man verstehen, dass es vier Zeiten gibt, die man benutzen kann.

Zwei Zeiten gibt es in unserer sichtbaren Welt und zwei Zeiten gibt es in einer Welt, die wir in einer anderen Dimension erfahren. Übrigens gibt es noch eine Zeitlosigkeit (wahrscheinlich die Raum- und Zeitlosigkeit der Singularität), die über unser Verstehen hinausgeht, weil sie nur dort ist, wo der Kosmos seinen Beginn genommen hat und vielleicht enden wird.

Die erste Erdenzeit ist das Zeitmaß, das wir hier kennen und hier relevant ist.

Wenn wir es aber mit Magie zu tun haben, wird diese Zeit oft verändert und zwar durch folgendes: Gott (sie meint in diesem Fall Christus) hat zuerst alles erschaffen was ist und je möglich sein wird, ohne dass es überhaupt eine Zeit gab. Alles existierte gleichzeitig. Es gibt in Wirklichkeit keine Vergangenheit, keine Gegenwart und keine Zukunft, aber das versteht nur Gott allein beziehungsweise Wesen, die bereits ein allumfassendes Bewusstsein haben. Da wir Menschen in diesem zeitlosen Zustand nichts unterscheiden könnten, musste das Bewusstsein des Menschen alles was ist, in einer Ordnung aneinander reihen.

"(5) Das Zukünftige ist aber trotzdem noch nicht gewiß. Als Gott der Herr die Zeitenläufe bildete, da tat Er es mit allen zugleich, in dem Er alles, was möglich werden könnte, vorhersah und möglich machte, aber noch ohne es so oder so zu bestimmen. Einfluß auf alles soll ja nehmen der freie Wille der Menschen, so gestalten ihre Zeit sie sich selbst, ob gut oder übel. Also gibt es von jeder Zeit, die in Zukunft wirklich werden könnte, sehr viele unterschiedliche Formen. Wie die Menschen sich verhalten und was dadurch ihre Eigenschwingungen ausstrahlen, unbewusst, das entscheidet darüber, welche der möglichen Formen der Zeit Gestalt annehmen. Alle unbenutzten Vorlagen für die Zeiten löst Gott der Herr danach jeweils auf.

6) Weil alle Zeiten aber immer schon da sind, wenn auch vorerst stets nur in Möglichkeitsformen dessen, was wird verwirklicht werden, ist es auch an dem, daß jeder Mensch die Zeitspanne seines Erdendaseins zweifach erlebt: Einmal in voller Bewusstheit und zugleich auch nochmals ohne davon zu wissen.

(7) Daraus ergibt sich die zweite Erdenzeit. Auch diese durchlebt der Mensch immerzu, bloß meistens ohne davon viel zu ahnen.

(8) Denn die zweite Erdenzeit ist von einer Art, die sich schwerlich wahrnehmen lässt. Sie besteht nämlich in sich selbst aus lauter unmeßbar kurzen Zeiträumen, so winzig, kürzer als der schnellste Augenblick und doch immerzu geschehend."

Anmerkung zu den Punkten (5) bis (8)

Die Zukunft ist trotzdem noch nicht sicher, da am Anfang schon alle möglichen Varianten, alle Möglichkeiten einer Zukunft vorhanden waren. Alles, was je existierte und je existieren wird, ist schon da, wenn auch nur latent. Was dann wirklich in die greifbare Realität gerufen wird, soll der Mensch kraft seines freien Willens selbst bestimmen, ob es dann für ihn schlecht ist oder nicht. Und von jedem Zeitpunkt der tatsächlichen Verwirklichung aus werden wieder alle möglichen Zukunftsmöglichkeiten geschaffen. Das, was die Menschen kollektiv kreieren durch ihre Gefühle, Ge-

danken und Taten, bewusst oder unbewusst, entscheidet über die Zukunft. Alle anderen Möglichkeiten, die nicht in die materielle Welt geholt werden, werden nicht mehr umgesetzt.

Es geschieht zwar alles gleichzeitig, aber bewusst ist dem Menschen nur die eine Erdenzeit, die andere läuft unbewusst ab.

Von der zweiten Erdenzeit versteht der Mensch nicht viel, weil sie unbewusst abläuft.

Das menschliche Bewusstsein kann diese zweite Zeit kaum wahrnehmen, weil sie so diskret verläuft, dass er sie nicht bemerkt.

"(9) Weil nun die zweite Erdenzeit die erste unablässig durchdringt, bilden sich auch Zeitritzen der zweiten Erdenzeit in der ersten, durch welche blickt, wer es versteht,

(10) und manchmal fällt unverhofft ein Blick durch solch eine Zeitritze, so daß der Mensch meint, was er sieht schon zu kennen, obgleich er es aus der ersten Erdenzeit nicht kennen kann, vielmehr nur unbewußt durch eine Zeitritze in der zweiten Erdenzeit ganz flüchtig einmal sah.

(11) Also durchlebt jeder Mensch von der Geburt bis zum irdischen Sterben zwei parallel bestehende oder verlaufende Zeiten von unterschiedlicher Art: die erste

Erdenzeit, die gut wahrnehmbar dahin fließende und die zweite Erdenzeit, die kaum merkliche, welche ist mit der ersten verwoben.

(12) Wer kundig ist in der Magie des hohen ABRAXAS, versteht diese beiden Zeiten wie eine zu nutzen. Dies ist von gutem Wert, um durch Zeiträume von bis zu wohl zehn oder einigen mehr Jahren nützliche Kundschaft zu erlangen; aber auch, um die Gemeinschaft durch alle Zeitläufe in sich selber zu festigen."

Anmerkung zu den Punkten (9) bis (12)

Da die zweite Zeit aber andauernd mit der ersten unbewusst zusammen läuft, kommt es manchmal zu Zeitrissen in der ersten Erdenzeit, durch die die zweite Zeit hindurch dringt. Jemand, der das versteht, weiß, dass dann Zeitphänomene geschehen können.

So manche Menschen können durch solche Zeitrisse oder Zeitfenster sehen und es kann geschehen, dass er später etwas sieht und glaubt, es schon gesehen zu haben (Déjà Vu).

Der Mensch lebt von der Geburt bis zum Tod mit zwei Zeiten, von denen er nur die erste Zeit, die gut messbare, wahrnimmt, während er die zweite nur unbewusst wahrnimmt, obwohl sie trotzdem mit der ersten immer zusammen verwoben ist.

Wer die hohe ABRAXAS-Magie versteht, versteht auch, wie man mit diesen zwei Zeitabläufen umgeht. Das ist hilfreich, weil diese Wissenden zehn oder mehrere Jahre in die Zukunft voraussehen können und die Geschehnisse auch festigen können.

"(13) *Zu den beiden Erdenzeiten gibt es noch die beiden Zeiten des Jenseits. Die erste davon ist die Zeit der Art, wie sie im Grünen Lande abläuft, wie diese Hauptebene alles Jenseitigen genannt wird.*

(14) *Diese Zeit ist nicht immer gleich, nein, die erste Jenseitszeit kann sich ausdehnen oder auch zusammenziehen, für den Besucher aus dem Irdischen ist das voller Merkwürdigkeit; wie überhaupt sehr vieles dort im Jenseits, im Grünen Land.*

(15) *So kann es geschehen bei einer Wanderung durch die Grüne Wand von hüben nach drüben und sodann zurück, daß dort nicht viel Zeit verstrichen zu sein schien, sich aber bei der Rückkehr herausstellt, im Irdischen sind viele Jahre vergangen, vielleicht gar Jahrhunderte. Oder es schien ein langer Aufenthalt im Grünen Lande gewesen zu sein, nach der Rückkehr vergingen auf Erden aber nur wenige Stunden.*

(16) *Das liegt an den Wolken, jenen grünlichen Nebeln, die ständig das Grüne Land durchziehen; denn die tragen verschiedene Schwingungen, welche aus maßgebend für die erste Jenseitszeit sind. Je dichter dort drü-*

ben die Wolken, umso langsamer verstreicht da die Zeit und wo kaum Wolken sind, da eilt sie hin."

Anmerkung zu den Punkten (13) bis (16)

Neben den Erdenzeiten gibt es noch zwei Zeiten einer anderen Dimension. Die erste Zeit ist die im Grünen Land, das ist die Hauptebene dieser anderen Dimension.

Diese Zeit verläuft völlig unregelmäßig, sie kann viel langsamer oder viel schneller gehen und das ist sehr merkwürdig für manche Besucher, wie so einiges in diesem Grünen Land.

Es kann geschehen, dass ein Besucher, der in das Grüne Land kommt und wieder zurück geht in seine Dimension, feststellen muss, dass hier inzwischen viele Jahre oder Jahrhunderte vergangen sind oder umgekehrt, so dass er meint, im Grünen Lande lange Zeit verbracht zu haben und in Wirklichkeit waren es nur ein paar Stunden.

Tatsächlich zeigen das die Erscheinungen der grünen Nebel an, die man im Grünen Land ständig sieht. Sie verzerren die Zeit. Je dichter die Wolken, umso langsamer verstreicht dort die Zeit und umgekehrt.

"(17) Wer so wandern möchte, dem genügt aber nicht allein die Magie des ABRAXAS; um die Schwellen zu überschreiten, bedarf es obendrein des MAKA'ARA.

(18) Das ABRAXAS regelt alles, was anbelangt die Zeiten, das MAKA'ARA aber regelt, was anbelangt die Räume.

(19) Die zweite Jenseitszeit ist das Zeitmaß der jenseitigen Welten. Dieses gilt nicht in allen gleich. In einer bestimmten Jenseitswelt indes bleibt der Zeitlauf stets derselbe.

(20) Über den Zeiten ist die Zeitlosigkeit, das unmeßbare Maß Gottes aus der zeitlosen Ewigkeit und der raumlosen Unendlichkeit. Weder die Menschen noch die Wesen des Jenseits vermögen dies zu erfassen, das bleibt bei Gott dem Herrn Christus allein. Das Magische indes tun wir selbst."

Anmerkung zu den Punkten (17) bis (20)

Wer zwischen den Dimensionen reisen möchte, dem genügt die Magie des Abraxas nicht, der braucht auch die Einweihung in die Maka'ara-Magie.

Die Magie des Abraxas' regelt alles, was die Zeit angeht, aber für Zeitraumreisen braucht man auch die Einweihung in das Maka'ara.

Die zweite Zeit in der anderen Dimension ist einfach das Zeitmaß in jener Dimension. Es gibt mehrere Dimensionen, aber in einer bestimmten bleibt der Zeitablauf immer gleich.

Dann gibt es noch die Zeitlosigkeit, eigentlich ein raum- und zeitloses Sein in Gott, das können aber weder die Menschen noch die Weisen in der anderen Dimension begreifen. Das versteht nur Gott (Christus) allein. Magie können wir allerdings schon anwenden.

fotografiert von: Eva Lene Knoll

6
VORDERASIEN

Als ich 1980 in Jordanien war, lebte ich bei der Familie meines damaligen Ehemannes in Aqaba. Gerne hätte ich im Hotel gewohnt, direkt am Strand, aber das war aus Höflichkeitsgründen nicht möglich, wir mussten bei der Familie sein. Ich schätzte es vorerst nicht, wie interessant sich so ein Leben in einer Großfamilie gestalten sollte. Aber bald fand ich mich damit ab, dass ich nicht so oft im Meer baden konnte, wie ursprünglich vorgesehen. Eigentlich war ich sehr positiv überrascht, wie sich eine Großfamilie gegenseitig helfen konnte und so organisiert sein kann, dass jeder eine sinnvolle Aufgabe hatte, auch wenn die Rolle der Frau nicht in meinem Sinne war. Aber das ist eine andere Sache.

Mir wurde jeder Wunsch erfüllt, den ich äußerte. Das war mir manchmal peinlich, denn oft sprach ich einen Wunsch aus, den ich nicht so ernst meinte. Zum Beispiel wollte ich einmal ein Bier zum Essen haben und ich bekam es, egal wie teuer es war. Ich wollte im Meer baden und sie mieteten für uns für ein Wochenende einen Bungalow direkt am Strand des Roten Meeres, was sicher sehr teuer war. Das war nicht meine Absicht gewesen, denn bezahlen durfte ich beziehungsweise mein damaliger Mann auch nichts. Wir waren voll ein-

geladen. Ich baute während dieser Zeit eine gute Beziehung zu seinen Brüdern und deren Frauen auf, besonders zu einer, die auch gut Englisch sprechen konnte. Die jüngeren Brüder sprachen ebenfalls sehr gut Englisch.

Meine Schwiegermutter war eine bereits ältere, aber sehr liebe Frau, die ziemlich schlecht auf den Beinen war. Sie war klein und hatte mit Henna rot gefärbtes, langes Haar, das meist mit einem feinen, weißen Gazetuch bedeckt war. Wenn ich manchmal an diese Zeit zurück denke, ist es mir direkt peinlich, wie wenig ich von dieser Kultur wusste und wie wenig ich mich anpassen konnte. Heute wäre das sicher anders, vielleicht wäre ich sogar noch mit meinem damaligen Mann verheiratet. Aber ich war jung und dumm, wie man so sagt und das macht es besonders schwer, fremde Kulturen überbrücken zu können.

Dennoch hatten wir viele gemeinsame Interessen. Mein Ex-Mann und ich waren uns einig, alle archäologischen und architektonischen Sehenswürdigkeiten in Jordanien zu sehen, allem voran die berühmte Nabatäer-Stadt Petra. Sein jüngerer Bruder hatte sich Urlaub genommen und war in den folgenden Wochen unser ständiger Reiseführer, wobei wir in einem klimatisierten Mercedes fuhren, was für damalige Zeiten ein großer Luxus war. Aber die Familie meines Ex-Mannes war wohlhabend, sein Onkel war Scheich und wir waren selbstverständlich auch bei ihm eingeladen.

Zuerst zeigte sein Bruder uns das mystische Gebirge Ramm (Rum), das in der Nähe von Aqaba ist und das dazugehörige Wadi. Später fuhren wir auch nach Jerash, Kerak, das heute ungefähr 2000 Einwohner hat und früher "Ker-Moab" hieß, Amman natürlich und bis nach Irbid ganz im Norden, nahe der syrischen Grenze. Wir sahen das Tote Meer und gegenüber die israelische Stadt "Eilat". Aber der Höhepunkt war natürlich die Felsenstadt Petra.

Wir kamen zuerst zum Wadi Musa, wo einst Moses den Jordan überquerte, fuhren durch das fruchtbare Tal, wo wir auch Obst einkaufen konnten und kamen langsam in die Nähe der felsigen Berge. Es war beeindruckend, diesen roten Canyon zu sehen. Die Schluchten waren eng und umgeben von hohen roten Felsen, die sich über uns beinahe zusammenschlossen. Bei der Schatzkammer des Königs angekommen, machten wir eine Rast. Ich ertastete damals eigenhändig alle Ritzen der Kammer und wunderte mich über die Präzision, wie die Steine bearbeitet wurden.

Dieser Ort ist geheimnisumwoben, in den Höhlen wohnen noch immer die Nachkommen der Nabatäer. Die Nabatäer haben die Stadt schon in den Jahren zwischen 700 und 600 Jahren vor Christi Geburt aufgefunden, die bereits bewohnt war. Wahrscheinlich waren es Assyrer und Ammoniter, die ursprünglich das Gebiet besiedelten. Die Nabatäer lebten mit ihnen friedlich zusammen und brachten die Stadt zur Hochblüte, da sie ein geschicktes Handelsvolk waren. Petra wurde zu einem Knotenpunkt der orientalischen Handelsstraße. Sie handelten mit kostbaren Stoffen, Gewürzen wie Safran und Kardamom, Kunstgegenständen, Gold und Silber, Myrrhe, Weihrauch und vielem mehr. Sie bildeten schließlich ein Königreich und der bekannteste König war König Moab, darum wurden die Einwohner gelegentlich auch "Moabiter" genannt. Heute will man die noch dort lebenden Menschen endgültig aus den Höhlen in gemauerte Häuser umsiedeln und es scheint, dass es inzwischen kaum mehr eine noch belebte Wohnhöhle gibt.

Hier in den Bergen war es nicht so heiß wie im Tiefland, wo es kaum auszuhalten war, denn es war bereits Juni.

Als mein Ex-Mann ungefähr 5 Jahre alt war, musste sein Stamm aus dem damaligen Palästina, das jetzt zu Israel gehört, nach Jordanien ziehen und kamen schließlich in Aqaba an, wo sie dann ansässig wurden. Bevor sie dort ankamen, waren sie zwischenzeitlich in der Nähe von Hebron, am Fuße des Gebirges von Masada. Er kletterte eines Tages in den felsigen Stätten herum und fand schließlich eine Höhle. Unerschrocken ging er hinein und sah von Weitem ein seltsames Leuchten aus der Tiefe der Höhle. Die Neugierde führt ihn immer weiter hinein. Er kam zu einem großen Felsendom und sah dann etwas sehr Ungewöhnliches: Da stand ein metallisches Gerät, das aussah wie ein ungewöhnlich ge-

bautes Flugzeug. Er konnte sich zwar an keine Menschen erinnern, aber das Gerät funkelte und an einigen Stellen begann es in gelben und rötlichen Farben zu glimmen. Nun erschrak er doch und machte sich schleunigst zurück zum Ausgang. Er lief nach Hause und erzählte das Erlebnis seiner Mutter. Die war ebenfalls sehr erschrocken und bat ihn, niemanden davon etwas zu erzählen.

Er gab ihr damals sein Versprechen, nichts zu verraten und hielt es auch, bis zu jenem Tage - fast dreißig Jahre später - als er mir diese Geschichte erzählte.

Ungefähr ein Jahr später, wir waren längst wieder in Wien, hatte ich wahrscheinlich meine erste bewusste Traumvision. Der Traum war für mich so anschaulich, dass ich ihn mir bis heute gemerkt habe. Damals führte ich noch kein Traumtagebuch, das tat ich erst ungefähr acht Jahre später.

Ich befand mich in Vorderasien, in der Nähe von Hebron, das damals "Al Chalil" hieß. Es musste lange vor Christi Geburt gewesen sein und ich war eine junge Frau. Ich war in einem schlichten, aber bunten Baumwollkleid gekleidet, meine Haare waren mit einem ebenso bunten, fein gewobenen, losen Tuch bedeckt, das mich vor der prallen Sonne schützte und mein Name war "Schey". In der Nähe erhoben sich Berge, das war das Masada-Gebirge. In diesem Gebirge waren damals viele imposante Bauten, Häuser wie Festungen, hinein gebaut sowie einige Tempel. Heute sind diese Bauten völlig verfallen. Auf einigen Felsen an den Bergen befanden sich Petroglyphen, große bunte Steinbilder, die meistens Menschen und Tiere darstellten.

Ich selbst gehörte wahrscheinlich zu dem alten arabischen Volk der Assyrer und ging mit einer Ziege gerade an einigen Häusern vorbei. Dabei kam ich weiter in die Berge hinein, wo es etwas Schatten und Gras für die Ziege gab. Dabei kam ich zu einer Höhle. Ich ließ die Ziege draußen weiden, während ich mich neugierig in den Höhleneingang hinein schlich, um nicht gesehen zu werden. Man wusste nie, was sich drinnen befand.

Von Weitem sah ich ein helles Leuchten. Es schien mir nicht gefährlich zu sein, weiterzugehen und so kletterte ich einige Steintreppen hinab. Ich kam schließlich in ein großes unterirdisches Gebiet, das zwar durch viele Lichtschächte mit der Außenwelt verbunden war, aber das sah man von der Außenseite der Berge nicht. So war ich sehr erstaunt, was ich da sah. Es war eine ganze Stadt - für damalige Begriffe sehr modern gebaut. Es war keine verlassene Ruinenstadt, denn es lebten offensichtlich Menschen darin, die ich überall in den Gassen und in den Vorbauten der Häuser sah.

Dabei begegnete ich auch einer Frau, die Kräuter sammelte, die sie dann fein sortiert, vorsichtig in einen großen Korb legte. Das war ganz hinten in einer Ne-

bengasse, die in eine Lichtung überging. Diese Lichtung war durch einen großen Schacht völlig unter freiem Himmel. So konnte dieses Stück Erde eine Vegetation hervorbringen, weil sie von der Sonne bestrahlt werden konnte. Meine Ziege konnte auch weiden. Ich begrüßte die Frau und stellte ihr einige Fragen. Sie erzählte mir, dass sie eine "Asiya" war, eine Heilerin und die Kräuter, die auf Bäumen wuchsen und bestimmte Gräser und Blumen zur Heilung ihrer Patienten bräuchte. Natürlich bedurfte dies auch einer besonderen Aufbereitung der Kräuter, erklärte sie mir. Ihr Name war "Nefis". Sie erzählte mir einiges über diese versteckte Stadt und deren Einwohner und führte mich dann herum, um sie mir zu zeigen.

Die Leute waren von einem ähnlichen Stamm wie meinem, denn sie sprachen dieselbe Sprache, sodass ich sie verstehen konnte. Alle waren sehr freundlich. So kamen wir zu einem Gebäude mit einem Vorbau, wo ein alter Mann saß, der gerade einen Stein bearbeitete. Er legte ihn mit einem Mosaik aus, das ein Bild eines schönen großen Mannes darstellte, der für mich wie ein Heiliger oder ein Engel aussah. Neben ihm waren noch einige andere Steine und Tonwaren, die mit Mosaiken verkleidet waren. Meistens waren es Ornamente, seltener Figuren. In manchen Steinen aber war eine Schrift eingeritzt, die ich aber nicht lesen konnte. Wahrscheinlich konnte ich gar nicht lesen. Ich sah aber alles ganz deutlich.

Der Mann begrüßte die Heilerin freundlich und dann auch mich. Nefis stellte mich vor und wir tauschten einige Fragen aus. Der Mann hatte den alten arabischen Namen "Iskandar". Neugierig fragte ich ihn, was er denn mit den Platten vorhätte und er erklärte mir, dass er im Auftrag eines seiner Kunden einige Stein- und Tonplatten verzieren sollte, die dann auf die Wände seiner Eingangshalle kommen würden. Diese Schrifttafeln und die Ornamente würden eine alte Geschichte erzählen und diese Geschichte sollte in dieser Form auch für die Nachfahren erhalten bleiben. Daher sind sie auf Ton geschrieben und in Stein gemeißelt und nicht auf Papier, das sich eines Tages auflösen würde. Ich war beeindruckt von seiner Arbeit und er zeigte mir noch einige andere Platten, die alle kunstvoll beschriftet und verziert waren.

Dann verlor ich wohl meine Konzentration, irgendwas hatte gebimmelt, wahrscheinlich an der Haustüre. Ich erwachte von der Traumvision und war sehr überrascht über den realistischen Eindruck. Eigentlich war ich verärgert, dass mich das Geräusch aufweckte, ich hätte so gern noch mehr erlebt.

Einen derart realistischen Traum hatte ich bis dahin nur selten erlebt und daher nahm ich ihn ernst. Da ich zu dieser Zeit einige Archäologen kannte, fragte ich, ob sie von Ausgrabungen im Masada-Gebirge, das im jet-

zigen Israel oder Jordanien sei, wüssten, aber niemand konnte mir darüber etwas sagen. So dachte ich, dass es wahrscheinlich nur ein gewöhnlicher Traum gewesen sein, beeinflusst durch die Erzählung meines damaligen Mannes, als er als kleiner Junge durch dieses Gebiet zog.

Damals fand ich also keinen Hinweis, dass mein Traum real sein könnte, und es verstrichen ungefähr dreißig Jahre, bis ich auf einen Artikel im Internet stieß, der folgenden Inhalt beschrieb (de.wikipedia.org - siehe Quellen und Literaturhinweise):

Um das Jahr 2000 herum verkaufte ein jordanischer Händler eine im Gebirge von Masada im heutigen Israel eine Steintafel an einen Antiquitätensammler. Diese wurde vorerst auf das Jahr 1000 nach Christus datiert und nicht weiter beachtet. Später wurde die Tafel genauer untersucht und eine Paläografin erkannte, dass die Tafel sehr viel älter sein musste und aus der Zeit um Christi Geburt stammen musste. 2007 wurde zum ersten Mal über die Steintafel berichtet und ein Artikel der New York Times hat dann den Fund weiter bekannt gemacht. In diesem Artikel schrieb die New York Times, dass die Geschichte der Auferstehung Christi nach drei Tagen keineswegs einzigartig, sondern schon lange Teil der jüdischen Überlieferung gewesen sei. Die Steintafel wurde schließlich dem Israel-Museum übergeben und im Jahr 2012 im Vatikan gezeigt.

Auf dem Stein befindet sich eine Inschrift über 87 Zeilen. Ein Bibelforscher namens Israel Knohl erkannte aufgrund der Buchstabenformen und den sprachlichen Stil die Tafelinschrift als echt an. In diesem Zusammenhang liest er eine Zeile so: "In drei Tagen lebe. Ich, Gabriel, befehle es Dir, Fürst der Fürsten."

Für ihn steht fest, dass Jesus nicht der erste und einzige gewesen sei, der auferstanden war und verbindet damit die These, dass die Bibel neu beurteilt werden sollte. Schon viele Generationen habe es Mythen über einen Messias gegeben, der nach drei Tagen wieder auferstehen könne.

Diese Steintafel wird als "Gabriels Offenbarung" bezeichnet und beschreibt auch einige kurze Prophezeiungen.

gemalt und fotografiert von: Eva Lene Knoll

7
ITALIEN - ERINNERUNGEN AN DAS MITTELALTER IN EUROPA

Bei der vorigen Geschichte war ich ja noch relativ jung, aber inzwischen sind zehn Jahre vergangen und meine Kinder waren inzwischen erwachsen geworden. Ich war nun in meiner Lebensmitte und dachte oft über mein Leben nach. Und so fragte ich mich, was aus meinen Plänen geworden ist. Beruflich hatte ich gerade wieder einen Wechsel hinter mir. und ich hatte inzwischen auch eine schamanische Grundausbildung gemacht.

Nachdem ich schon lange meine Visionen vertiefen wollte und nicht wusste, wie ich das außer auf meditativem Weg noch besser anstellen könnte, befasste ich mich mit Methoden, durch die ich in "andere Welten" reisen konnte. Es gefielen mir auch die Rituale und das Arbeiten mit Energien beim Schamanismus. Trotzdem fiel es mir leichter, wenn ich tatsächlich auch in dieser Realität an einem Ort war, wo mir auch das Meditieren leicht fiel, um Visionen zu erhalten.

Es war im Herbst 2000 und ich war auf einer Busreise in Richtung Norditalien. Von der Reisegruppe kannte ich niemanden und so kam es, dass ich in den Bergen der Dolomiten ohne Reiseleitung ganz allein herum wanderte, da ich nicht mit der Gruppe die extra zu bezahlenden Programme mitmachte. Es war ein schöner, goldener Herbst und die Wintersportorte lagen verlassen da; sie waren noch nicht zum Leben erwacht. So ging ich - wie üblich - in einheimische Lokale und traf auf neugierige Leute. Ich hatte wirklich Glück, mir wurden viele Tipps gegeben, wo ich mit dem Bus hinfahren könnte, um einige Sehenswürdigkeiten sehen zu können, wie alte Mühlen, Gebäude und ein Aquädukt aus römischen Zeiten.

Ein netter Herr lud mich sogar auf sein nahe gelegenes Herrenhaus ein. Ich bewunderte diese Anlage schon, als wir mit dem Bus auf der Hauptstraße in Richtung Hotel fuhren. Das war ja ein Schloss, ein "Castello". Ich nahm die Einladung aber nicht an. Am nächsten Tag wanderte ich allein bergaufwärts und kam zu einer alten Kirche mit einem angrenzenden Friedhof. Das war interessant für mich, denn ich schaute mir gerne die uralten Bilder an, die die trauernden Angehörigen an die Grabsteine befestigt hatten.

Ich fand auch das Aquädukt, es war ja nicht zu übersehen. Die Mühle musste ich schon mehr suchen, denn sie war von einem Wald umgeben. Aber der war wirklich märchenhaft. Der klare Bach neben mir führte mich schließlich zur alten Mühle. Dort setzte ich mich nieder und entspannte mich und lauschte, was mir die Natur sagen wollte.

Bilder kamen zu mir und ich sah einen Teil der frühen Geschichte Europas.

Abermals sah ich eine Zeit der Naturkatastrophen, diesmal war es eine allgemeine Klimaerwärmung, die die Gletscher schmelzen ließ, wobei auch ein Gebiet im Nordwesten überflutet wurde. Wiederum blieben nur die Berge verschont, wo von Alters her immer die Weisen lebten. Es formten sich Irland und England zusammen mit Schottland. Auf den Bergspitzen Englands waren die alten Heiligtümer der Weisen und sie hegten und pflegten diese übrig gebliebenen Kulturstätten, wie Avebury und Stonehenge.

Schließlich kam die Zeit des römischen Reiches. Die Römer drangen bis England empor und die Engländer mussten sich gegen sie verteidigen. Anfangs erlitten die Römer sogar Niederlagen, doch dann taten sie sich mit den Sachsen zusammen und schließlich wurde England von den Römern besetzt. Von Rom kam auch eine neue Religion, die ursprünglich aus dem Orient kam, das Christentum. Mit aller List und Tücke wurden die Engländer, die zum großen Teil auch Kelten waren, soweit bekehrt, dass ihre alten Weisen, Druiden genannt, in Vergessenheit gerieten. Auch der damals sehr bekannte "Merlin", das Oberhaupt des Druidentums, der sich lange gegen die Christianisierung gewehrt hat, verschwand schließlich. Zusammen mit den Priesterinnen der Nebelinseln und mit dem Adelsgeschlecht der Pendragons wollte Merlin die "alte Religion" erhalten, aber schließlich mussten die Pendragons nachgeben und wurden selbst christianisiert und die Priesterinnen und Druiden, die früher verehrt wurden, mussten sich verstecken.

Jahrhunderte waren wohl vergangen, es war ungefähr Anfang des dritten Jahrzehnts des zehnten Jahrhunderts nach unserer Zeitrechnung, als ein Mädchen geboren wurde, das später Kaiserin werden sollte.

Ich sah, wie sie im Garten des Schlosses spielte, wo sie aufwuchs, denn sie war eine Prinzessin. Langsam wurde sie älter und wurde schließlich zu einer jungen Frau. Sie lebte in Burgund mit ihren königlichen Eltern am Schloss. Dann geschah etwas Schreckliches. Es kam zu einem Kampf und sie und ihre Mutter wurden von wild aussehenden Männern gefangen genommen und entführt.

Nun sah ich nur noch Chaos und ich konnte meine Konzentration nicht mehr halten und kam zurück in die Realität.

Ich befand mich auf der Holztreppe der alten Mühle. Es war inzwischen kühl geworden, daher stand ich auf und ging zurück ins Hotel, während mir die verwirrende Geschichte noch eine Zeit lang durch den Kopf ging.

Die Geschichte sollte noch weiter gehen, aber vorerst fuhr ich wieder nach Hause. Damals lebte ich noch in Wien. Es sollten noch ein paar Jahre vergehen, bis ich wieder nach Italien kam, aber diesmal - im Jahr 2007 - war es eine Reise durch die ganze Toscana. Es war wieder Herbst, das Klima war wunderbar mild und ich war hier in einer Welt, wo ich mich täglich ins Mittelalter versetzt fühlte.

Florenz war für mich eine sehenswerte Großstadt, Lucca war reizend und von mittelalterlichem Flair, aber als ich in Siena war, kam ich mir wirklich schon wie in die mittelalterliche Zeit versetzt vor. Abgesehen von den modernen Errungenschaften und Geschäften, kam ich mir vor wie in der Zeit der Borgias.

Die Backsteingebäude und die Terracotta-Böden, alles war in rötlichen Farben. Die Stadt ließ in mir aus irgendeinem Grund ein mystisches Gefühl aufsteigen. Dieses Gefühl verstärkte sich noch in Montalcino und Montepulciano, von wo aus die Reise wieder zurück ging - über die andere Seite, ostwärts an der Grenze zu Umbrien, dann über die Emilia Romagna und weiter in den Norden und nach Österreich.

Zuvor waren wir in Montepulciano und dort gingen wir - die Reisegruppe - zuerst den Berg hinauf und kamen dann durch das Stadttor hinein. Die Etrusker bauten ihre Städte nie ins Tal, sondern immer auf die höchste Stelle, wo sie auch einen guten Ausblick hatten.

Diese Städte sind alles alte etruskische Städte. Wieder war alles aus roten Ziegelsteinen und Terracotta. Damals war ich auch noch etwas jünger und konnte noch relativ schmerzlos die vielen Stufen steigen, die es in dieser Bergstadt gab. Trotzdem wünschte ich mir, ich wäre noch jünger. Schließlich fand ich ein reizendes Weinlokal mit einer Terrasse, von wo aus ich die Gegend bewundern konnte. Der Wein war so gut wie er berühmt war, ebenso der Käse, den ich mir dazu genehmigte.

Wir hatten den Nachmittag lange Zeit zur freien Verfügung und so suchte ich anschließend die Stiege, von der die Reiseleiterin erzählt hatte. Diese sollte tief in unteren Kelleretagen führen. Von der untersten Etage könnte man, sofern man Zeit hätte, kilometerweit bis in die nächste Stadt gehen, zumindest noch vor einiger Zeit.

Ich fand die Stiege und konnte die Etagen einige Stockwerke hinab gehen. Dabei wunderte ich mich über die meterhohen Weinfässer, die hier gelagert wurden. Es war sehr mystisch, niemand ging hier, nur ich allein. Ich ging durch alte Türen und kam schließlich auch zu einem Gang, wo ich einige Meter hinein ging. Doch dann kam wieder eine Tür aus geschmiedetem Eisen. Ich wollte sie öffnen, aber diese war fest verschlossen. Was sollte ich anders erwarten?

Ich ging wieder nach oben, bevor ich Gefahr lief, dass die Haupttür oben verschlossen wurde, aber es war noch Zeit. Also ging ich noch durch einige Gassen und fand einen Durchgang mit einem interessanten Hof. Da waren Bäume und einige Bänkchen, wo man gemütlich sitzen konnte. Ich setzte mich und betrachtete die Architektur der umstehenden Gebäude. Doch die Zeit reichte nicht mehr, um mich in eine Vision zu versetzen, ich musste zum Treffpunkt zurück, zur Bushaltestelle ganz unten vor dem Stadttor. Dann fuhren wir zum Hotel. Es war kühl geworden, aber das Zimmer war gut geheizt und ich kuschelte mich in die Decke.

Ich dachte an die Szenen, die ich in der Stadt erlebt hatte und plötzlich erlebte ich wieder eine Traumvision. Es war die Fortsetzung von der, die ich vor sieben Jahren hatte:

Die beiden Frauen, Mutter und Tochter, wurden von Burgund nach Italien verschleppt und zwar zum Hofe König Lothars. Die junge Frau, eigentlich noch ein Mädchen, hieß "Adelheid", aber sie war nicht "ich". Ich war noch nicht vorhanden. Die Mutter von Adelheid wurde dort verheiratet, ebenso wie sie. Doch war es nicht gewaltsam. Der junge Adelige, der Lothar II. war, warb um sie mit Charme und Klugheit. Es entwickelte sich wirklich Liebe zwischen ihnen und so war die Heirat keine Zwangsheirat wie bei ihrer Mutter.

Nach nur drei Jahren Ehe jedoch starb Lothar II. Dieser Tod war sehr mysteriös und es steckte wahrscheinlich ein Anschlag dahinter. Adelheid, nun Königin von Italien, gelang es, den späteren "Otto den Großen", den sie noch vom Hof ihres Vaters in Burgund kannte, um Hilfe zu bitten. Otto kam ihr tatsächlich zu Hilfe und brachte sie nach Franken. Adelheid war schon als kleines Mädchen von Otto, dem späteren Kaiser "Otto I." beeindruckt gewesen und nach einiger Zeit gelang es ihr, die Liebe des späteren Kaisers zu gewinnen und er heiratete sie, als sie knapp 21 Jahre alt war. Adelheid bekam nun ein Kind, ein Mädchen. Dieses Mädchen wurde "Hilde" gerufen und das war ich.

Meine Mutter war eine starke und mächtige Frau, sie wurde ja auch als Kaiserin gekrönt und beeinflusste Otto I., meinen Vater, bei seinen politischen Geschäften. Meinen Vater habe ich in guter Erinnerung. Wenn ich ihn sah, war er immer sehr herzlich zu mir. Später bekam ich einen Bruder, der auch "Otto" getauft wurde, nach meinem Vater. Ich war eigentlich ein altkluges Kind und spielte nie so, wie es die anderen Kinder taten. Vielmehr passte ich gerne auf meinen Bruder auf und als ich größer wurde, spielte ich lieber mit ihm Jungen-Spiele als mit anderen Mädchen. Das sah aber meine Mutter nicht so gerne.

Aber als ich elf Jahre alt wurde, ließ mich meine Mutter, Adelheid, in ein Kloster bringen, nachdem ich vorher immer beteuert hatte, dass ich niemals heiraten wol-

le. Ich wollte das wirklich nicht, denn die Rolle als Frau gefiel mir gar nicht, aber ich war ja noch nicht einmal erwachsen. Meine Mutter aber verlockte mich zu einem anderen Leben, indem sie mir viel Macht versprach und das verstand ich sogar schon in diesem Alter. Sie wollte mich in ein Kloster geben und versprach mir, mich zur Äbtissin zu machen und tatsächlich machte sie mich zur Äbtissin "Mathilde von Quedlinburg" als ich noch ein Kind war.

Mein Leben als Äbtissin war nicht so hart wie das der normalen Nonnen und natürlich hatte meine Mutter Einfluss auf meine Entscheidungen. Bis zu meinem Erwachsenenalter entschied sie inoffiziell für mich soweit es ging.

Mein Bruder Otto II. heiratete, als er auch erwachsen wurde, eine Frau aus Byzanz. Sie hieß "Theophanu" und war meiner Mutter durchaus ebenbürtig. Sie beeinflusste meinen Bruder mehr als es vorher meine Mutter Adelheid konnte und tatsächlich gab es zwischen Mutter und ihr auch kleine Auseinandersetzungen.

Ich durfte ja Kontakt zu meiner Familie haben und mein "kleiner Bruder" Otto besuchte mich oft, später auch mit seiner Frau Theophanu, die mir sehr sympathisch wurde. Wäre ich nicht Äbtissin gewesen, wäre sie wahrscheinlich meine beste Freundin geworden. Ich verstand Theophanu und ihre Art, wie sie die Stellung der Frau verteidigte.

Mein Bruder hätte es nicht besser treffen können, denn er selbst war nicht so stark, zumindest nicht so wie unser Vater oder unsere Mutter. Theophanu bekam schließlich einen Sohn, das war der spätere "Otto III.", der Enkelsohn unseres Vaters. Das war also mein Neffe. Als er noch jung war, starb jedoch Otto III. und später auch sein Vater, mein einziger Bruder.

Die Trauer war groß, besonders für Theophanu und Adelheid, aber auch ich trauerte sehr um ihn. Nachdem damals - als der kleine Otto noch lebte, aber viel zu jung war, um zu regieren, sich Heinrich der Zänker auf den Kaiserthron setzte, wurde auch meine Mutter Adelheid wieder aktiv und beeinflusste den italienischen Hof, zu dem sie noch immer gute Beziehungen hatte. Sie wollte erreichen, dass mit Hilfe des italienischen Adels Kaiser Heinrich wieder abgesetzt wurde und Otto III. doch Kaiser wurde, obwohl er minderjährig war. Natürlich hätte bis zum Erwachsenenalter Ottos III. Adelheid wieder das Sagen gehabt, aber er starb noch, bevor er großjährig war. Zugegebenermaßen konnte meine Mutter die Geschicke des römisch-deutschen Reiches gut lenken.

Mein Leben vollzog sich im Wohlstand und obwohl ich alles hatte, fehlte mir doch eins: Die Liebe. Nun war ich inzwischen vierzig Jahre, für damals keine junge

Frau mehr und ich war Gott nah, so glaubte ich. Ich war also doch sehr gläubig, aber dass ich auf die Liebe eines Mannes Zeit meines Lebens verzichten musste, machte mich doch verbittert. Als ich damals fünfundzwanzig war, empfand ich lange Zeit etwas wie Verliebtheit für einen Mann, der auch im Dienst der Kirche war. Ich fühlte zum ersten und einzigen Mal eine Leidenschaft, die ich nicht für möglich gehalten hätte.

Er war ein Priester, attraktiv und klug, feinfühlig und wahrlich spirituell, so wie ich selbst im Laufe der Jahre im Kloster geworden war. Trotzdem - gegen das Gefühl der menschlichen Liebe kann wohl keiner an. Doch diese Gefühle mussten verborgen bleiben. So beobachtete ich ihn und seine Handlungen heimlich, wo immer ich konnte, nur um mich ihm nah zu fühlen.

Eigentlich war ich sehr hübsch unter meiner Tracht. Ich hatte seidige, blonde Haare, die wieder lang gewachsen waren, helle makellose Haut und eine schlanke Figur, die ich auch noch mit vierzig hatte. Allerdings musste ich ja keine Kinder gebären, zumindest das war mir erspart geblieben. Ich war in den letzten Jahren bei vielen Geburten dabei gewesen und habe geholfen, da ich im Kloster schon sehr früh als Hebamme ausgebildet wurde. Ich hatte die Frauen immer bewundert, die diese Schmerzen ertrugen und war in diesen Momenten froh, nur eine Klosterschwester zu sein.

Ich war also leidenschaftlich verliebt in diesen Mann, er regte verbotene Gefühle in ihr. Eines Tages sah ich auch sein Feuer in seinen Augen, als er mich betrachtete und da wusste ich, dass er für mich ebenso empfand. Niemals gestand einer von uns dem anderen die wahren Gefühle, aber wir suchten jede Gelegenheit, zusammen zu sein.

Lange Zeit war er Priester in der Stadt, aber eines Tages wurde er in eine andere Stadt versetzt. Das machte mich sehr traurig und hoffte lange, dass er wieder zurück käme, doch das war nie der Fall.

Meine Mutter wurde alt und zog noch immer die Fäden in der Politik. Theophanu jedoch war vor einiger Zeit an einer Krankheit gestorben.

Ich selbst hatte auch genug Einfluss auf die Politik, da ich als Äbtissin genug Beziehungen zu allen möglichen "oberen" Würdenträgern hatte. Ich versprach seinerzeit Theophanu, ihren Sohn zu schützen, sowohl spirituell als auch politisch. Das tat ich auch bis zu seinem frühen Tode. Knapp bevor das nächste Jahrhundert begann, starb auch meine Mutter.

Als Otto III. noch lebte, kam er auch gerne zu mir und suchte meinen Rat und so lenkte ich das Schicksal des römisch-deutschen Kaiserreiches ein wenig mit. Doch hauptsächlich war es meine Mutter Adelheid, die die Geschicke des Reiches bestimmte.

Namen und Daten konnte ich anhand der Geschichte (z.B. de.wikipedia.org) erfahren und so mit meiner Vision vergleichen. Somit konnte ich feststellen, dass ich sie der Realität entsprechen könnte.

Am Morgen wachte ich in Montepulciano frisch und munter auf. Es war ein schöner Tag und es war warm. Wenn ich also in einem meiner vorigen Leben in einem Kloster war und diese Neigung schien sich zu wiederholen, war es ein Wunder, dass ich immer wieder allein war? Schließlich hatte ich in zumindest in einem meiner Leben Enthaltsamkeit und Armut geschworen. Es wurde langsam Zeit, mich von alten Schwüren zu entbinden.

Theophanu erinnerte mich voll und ganz an eine "alte" Freundin von mir. Auch sie hatte die Begabung, in ihre Vergangenheit zu sehen und sagte mir einmal, dass sie in einem vorherigen Leben in Byzanz gelebt haben musste.

Sie erinnerte sich, dass sie die einzige Tochter eines reichen Elternpaares war und in der Gegend des Hafens wohnte. Ihre Eltern hatten einen schönen Garten rund um dem Palast, in dem sie wohnten, der kunstvoll eingezäunt war. Durch das schmiedeeiserne Tor ging man dann steil abwärts, bis man zu einer Aussicht kam, von wo man das Meer weit überblicken konnte und sehen konnte, wie aus großer Entfernung die Schiffe heran kamen. Sie wurde erwachsen und verliebte sich in einen Geschäftsfreund ihres Vaters, der damals noch sehr jung war.

Doch kurz bevor er um ihre Hand anhalten wollte, ging er mit seinem Vater auf eine lange Geschäftsreise mit einem großen Handelsschiff, um damit weit in den Osten zu segeln, über den persischen Golf hinaus, um von dort die sagenhaften Gewürze und andere Waren zu importieren.

Er sollte erst nach mehr als einem Jahrzehnt wiederkommen. Jahrelang lief das Mädchen in regelmäßigen Abständen zum Hafen, um zu sehen, ob sein Schiff endlich einlaufen würde. Sie wartete jahrelang. Schließlich ging sie immer seltener zum Hafen und eines Tages gab sie die Hoffnung auf. Nachdem ihr Vater sie dazu drängte, einen anderen zu heiraten, gab sie nach. Sie sei jedoch nie mehr glücklich geworden, berichtete meine Freundin. Schließlich kam Marco, so hieß der junge Mann, nach langer Zeit doch zurück. Aber es war zu spät für ein gemeinsames Leben.

Irgendwie gibt es da einen Zusammenhang mit einer späteren Vision, wo wahrscheinlich derselbe Marco eine Rolle spielte.

fotografiert von: Eva Len Knoll

8
IM HIMALAYA

Nach den langen Reisen und den fortlaufenden Lebensumständen hatte ich mich sehr bemüht, in mein Leben eine gewisse Stabilität hineinzubringen, dennoch wurde ich Anfang 1994 krank, so dass ich oft ermattet und erschöpft war. In der Folge ging es mir auch psychisch nicht gut und ich wusste, dass es wieder einmal so weit war, dass ich eine weite Reise brauchte. Immer, wenn ich an einen Punkt gekommen war, wo es in meinem Leben nicht mehr weiter ging, sei es, weil mir die Ideen ausgingen oder schöpferische Kraft, wusste ich, dass ich einen Anstoß von außen brauchen würde.

Das ist meist eine Person, die für mich wie ein Lehrer ist, oder eine Reise. Weil ich zu dieser Zeit keinem Lehrer oder Guru oder Meister begegnet bin, musste ich eine Reise machen, um einen Anstoß zu finden. Der würde mir dann wieder Hoffnung und Kraft geben, um so ins Gleichgewicht zu kommen.

Ich suchte zuerst in Wien einen Ort, wo ich mich zurückziehen konnte und der gleichzeitig eine gewisse Kraftquelle sein sollte, um Körper und Seele wieder in Einklang zu bringen. Das fand ich in einem Zendo im buddhistisichen Zentrum. Dieser Ort half mir, mich so-

weit zu harmonisieren, dass ich keinen Rückfall mehr erlitt. Zugleich war ich immer faszinierter von der Philosophie und der Mentalität der Asiaten. Das betraf vor allen Dingen die Länder, wo der Buddhismus herkam, beziehungsweise wo er kultiviert wurde. Das war nicht so sehr Indien, aber China und später Japan. Im Zendo lernte ich auch einige Menschen kennen, die ich ins Vertrauen schloss.

So entschied ich mich Ende 1994, meinen gesamten Urlaub in Asien zu verbringen, aber ich wusste nicht wohin. Ich wollte nach Tibet oder Nepal, aber es war teuer und ich konnte mich nicht entschließen. So saß ich seufzend vor einem Stoß von Reiseprospekten und schlug immer wieder die Seiten auf, bis sie abgegriffen waren. Schließlich riet mir ein Freund, der sich in asiatischen Ländern auskannte, doch nach Indien zu reisen und zwar direkt nach Nordindien, Dharamshala, zur Stadt im Himalaya, wo seine Heiligkeit, der Dalai Lama, mit vielen Tibetern im Exil lebt. Das hielt ich für eine gute Idee und ich buchte bald darauf einen Flug für April 1995.

Ein paar Wochen vorher hatte ich einen lebhaften Traum, der sehr real wirkte:

Ich flog hoch in der Luft wie ein Adler über die Landschaft, von der ich wusste, dass sie Indien war. Neben mir flog ein kleiner Buddha, der mir viel erzählte. Das allein war schon eine große Merkwürdigkeit, aber das erzähle ich erst im letzten Kapitel.

Alles von oben aus sehend, sah ich viele Menschen, zum Teil in indischen Saris, zum Teil anders gekleidet und Menschen mit Holzperlenketten um den Hals. Später wusste ich, dass das buddhistische Gebetsketten waren, die manche wie Schmuck um den Hals trugen. Ich hatte das bis dahin nicht gesehen. Ich sah wundervolle Plätze und Orte mit Tempeln, rosafarbene und weiße Paläste, einen davon direkt neben einem See.

Das konnte ich aber nicht als Vision anerkennen, da ich ja schon wusste, dass ich nach Indien reisen würde und ich hatte viel über Indien gesehen - aus Filmen, Büchern und Prospekten.

Allerdings sah ich auch Tempelanlagen und Grabstätten, die ich vorher noch nie gesehen hatte, aber wer weiß, das konnte ich ja vergessen haben. Seltsam waren diese Gebäude schon mit ihren hohen, spitzen, aber dennoch abgerundeten Türmen, die uralt zu sein schienen; uralte Stupen oder Chorten, wie die Grabstätten der Buddhisten hießen, worin sich Reliquien befanden, meistens Knochenreste ihrer Toten. In Indien hieß so eine Grabstätte "Stupa", die Tibeter nennen sie "Chorten".

Ich sah aber noch andere Orte und Städte, die ich nicht in Indien vermutete. Aber wo könnte es sonst sein? Besonders beeindruckend war für mich ein Wald, wo sich eine Klosteranlage befand. Mehr aber sah ich nicht.

Als ich im April dann in Delhi ankam, war es bereits sehr heiß dort. Wie in Australien, hatte ich damals nichts außer den Flug von Österreich aus gebucht und hatte dann meine Probleme, vor Ort ein günstiges Hotel zu finden. Aber ich war ja nur ein paar Tage in dieser Stadt, denn ich wollte sofort weiter. Als ich am nächsten Tag sehr früh am Morgen ein Restaurant suchen wollte, wo ich frühstücken konnte, stellte ich fest, dass das dort nicht so war wie sonst üblich in einem südlichen Land. Niemand sperrte da vor 10 oder 11 Uhr auf, nur internationale Hotels.

So ging ich in ein internationales Hotel frühstücken und später suchte ich sofort ein Reisebüro, um eine Fahrt nach Dharamshala zu buchen. Die Büros in Indien sind nicht größer als eine Abstellkammer bei uns, aber ich fand eines nach kurzer Zeit und bevor ich lange überlegen konnte, wurde ich den Agenten nicht mehr los. So nebenbei bewunderte ich die vielen Fotos von Kashmir, die überall an den Wänden hingen. Ohne die politische Lage zu bedenken, buchte ich kurz entschlossen eine Woche auf einem Hausboot in Srinagar am "Dhal Lake", dem heiligen See.

Der Agent freute sich, er kam selbst von dort und sein Bruder sollte mich dorthin begleiten. In meiner Naivität *wunderte ich mich, warum ich für mich ganz allein eine Reisebegleitung haben würde, ich wollte doch nur eine Woche im Hausboot wohnen und Unternehmungen machen. Aber der Agent sagte mir, dass ich dort bei seiner Familie wohnen würde und sein Bruder wollte sie ohnehin besuchen. Später war ich froh darüber, denn ich hätte mich als Frau allein dort nicht durchsetzen können.*

Also fuhr ich am nächsten Tag mit seinem Bruder Hamid in einem Bus voller fremder Leute, hauptsächlich Männer, nach Kashmir. Es war eine sehr lange Fahrt und dauerte ungefähr vierzig Stunden. Das wurde mir trotz meiner Fragen nach der Reisedauer nicht gesagt. Das Englisch meines Reiseleiters und der anderen Inder war auch wirklich schlecht, aber diesbezüglich wollten sie meine Frage wohl nicht beantworten.

So fuhren wir quer durch Nordindien durch Uttar Pradesh und durch den Punjab mit den Palästen der Sikhs. Die Sikhs sind schon immer ein militanter und hoch angesehener Volksstamm mit eigenen Rechten und einer eigenen Religion gewesen.

Ab Jammu wurde es sehr gebirgig und es wurde auch kälter. Meine Laune war mit der Temperatur gesunken, aber es lag mehr an den vielen Stunden, die wir fast ohne Pause durchfuhren. Es wurde Nacht und als alle schliefen, musste auch ich irgendwann ein bisschen eingeschlafen sein.

Frühmorgens waren wir schon ein Stück auf dem Weg über die Serpentinen am Himalaya. Die Sonne schien freundlich, aber es war frisch. Irgendwo an einem Stand konnten wir etwas zum Essen kaufen und notdürftig mit einem Schlauch wenigstens Hände und Gesicht waschen.

Dann ging die Reise weiter und die Gegend wurde immer unwirtlicher. Wir fuhren durch Schlamm und Regen und oft wurden wir von Grenzpolizisten aufgehalten. Ich musste Formulare ausfüllen, aber mein Begleiter war immer bei mir und übersetzte brav. Die Fahrt schien endlos und irgendwann begann sich der Tag wieder zu neigen. Ich drängte meinen Begleiter, mir doch zu sagen, wann wir endlich am Reiseziel ankämen. Er sagte mir immer, dass es nur noch ein paar Stunden dauern würde. Irgendwann war es tatsächlich so weit. Wir kamen endlich in Srinagar an.

Vor mir lag der Dhal-See. Es regnete und ich war nur noch müde. Mir war sogar kalt und ich wollte nur noch warm duschen und schlafen. Das sollte ich bald haben. Ich glaubte fast nicht mehr daran, aber wir fuhren bald mit einer eleganten schwarzen Gondel, die alle viel breiter sind wie die in Venedig, über den See und kamen an vielen kunstvoll geschnitzten Hausbooten vorbei und schließlich auch zu dem, wo ich wohnen sollte.

Es sah wirklich prächtig aus in diesem Hausboot. Bald bekam ich auch ein warmes Essen, das vorzüglich schmeckte und ich konnte mich tatsächlich heiß duschen. Das Hausboot bestand aus einer doppelten Wohnung, wo in der Mitte eine kleine Küche war, die ich aber nicht benutzte und auch nicht benutzen konnte, weil ich weder Lebensmittel hatte noch Wasser, noch wusste, wie die Elektrik überhaupt zu benutzen war. Meine Mahlzeiten wurden im Familien-Hausboot nebenan frisch gekocht und mir anschließend herüber gebracht.

Die Wohnungen hatten je ein Schlafzimmer hinten neben der Küche, ein Bad daneben und auf der Vorderseite war jeweils ein großes Wohnzimmer im alten englischen Stil. Darin gab es eine große Terrassentür auf der einen Seite und auf der anderen Seite war eine kleine Tür zu einem kleinen, kunstvoll geschnitzten Holzbalkon, so wie ich sie auf den Fotos im Reisebüro bewundert hatte. Man konnte direkt auf das Wasser sehen und die heranwachsenden Lotosblüten bewundern.

Ich war begeistert, aber noch immer beunruhigt, weil ich ohne meinen Begleiter nichts ausrichten konnte. Dennoch schlief ich gut und sofort ein - nach einer langen Dusche und wurde erst ziemlich spät munter. Nach zwei Tagen konnte ich feststellen, dass ich zu meinem Begleiter vollkommenes Vertrauen haben konnte. Hamid zeigte mir in den folgenden Tagen alle Sehenswürdigkeiten von Srinagar, wie die schwimmenden Gärten, den Garten des Kalifen, die Kanäle durch die Auenwälder und zwischen den zwar verfallenen, aber einst im schönen englischen Stil gebauten Häuser war die Moschee.

Die Frauen gingen alle vollkommen verhüllt in Srinagar und ich war eine der wenigen Touristinnen, die es nicht war. Aber ich war warm angezogen mit Pullover, langen Hosen und Stiefeletten, da es ziemlich kühl und immer etwas regnerisch war. Nur mittags war es sonnig und warm. Die Aussicht war wunderschön mit den schwimmenden Gärten, den vielen geschnitzten Holzschiffen im See mit dem bewaldeten Hintergrund und in der Ferne sah man die schneebedeckten Spitzen des Himalaya-Gebirgszugs.

Es war schön, aber trotzdem war ich froh, als ich endlich wieder im Bus nach Jammu saß, um von dort aus in den Himachal Pradesh, nach Dharamshala zum Dalai Lama zu fahren. Hamid fuhr noch mit mir bis Jammu, dann teilten sich unsere Wege. Er fuhr weiter nach Delhi, wo wir uns an einem bestimmten Tag, ein paar Tage vor meinem Abflug, wieder treffen sollten, denn er organisierte für mich eine Reise nach Agra zum Taj Mahal und zu einigen anderen Sehenswürdigkeiten.

Von Jammu aus fuhr ich nun allein nach Dharamshala in einem kleinen, aber wirklich sehr schnellen Bus.

Tatsächlich waren wir in einigen Stunden dort und ich besorgte mir sofort ein Zimmer, was ich auch bekam.

Ich wusste auch schon wo, denn ich hatte mir den Stadtplan inzwischen angesehen, den ich mit hatte. Das Zimmer hatte zwar nur kaltes Wasser, aber ich gewöhnte mich in den nächsten Tagen schon daran, mich kalt zu duschen. An diesem Tag regnete es, aber es war am Tag schon sehr viel wärmer und als der Regen in zwei Tagen aufhörte, wechselte die Temperatur schlagartig und es wurde in der Sonne sehr heiß.

Es war nun schon Mai und ich unterschätzte die UV-Strahlung, sodass ich trotz Sonnenschutz in den ersten Tagen einen Sonnenbrand bekam. Als ich am ersten Tag nach der Ankunft zum ersten Mal durch Upper Dharamshala ging, auch McLleod genannt, glaubte ich in einem Wunderland angekommen zu sein.

Die Straßen waren nur geschottert und so musste ich zwischen Kabeln, die einfach über die Straßen gezogen wurden, durchgehen. Überall waren Baustellen. Doch diese Kleinigkeiten sah ich bald nicht mehr, denn die Schwingungen in dieser Stadt gaben mir ein Gefühl der Freiheit und des Friedens. Die meisten Touristen waren nur kurz in dieser Stadt, aber ich war fast drei Wochen in Dharamshala.

Dort sah ich dann Menschen mit Gebetsketten aus Holzperlen um den Hals. Diese Ketten bestehen immer aus 108 Perlen, die heiligste Zahl für die Tibeter. Viele Frauen flechten sich auch 108 Zöpfchen, aber die meisten tragen nur zwei Zöpfe. Ich ging hinauf in die Ein-

samkeit der bergigen Wälder, oft sehr weit, bis ich zu einem kleinen See kam. Auf der anderen Seite gab es auch einen Weg hinunter ins untere Dharamshala, wo auch die tibetische Bibliothek war und auf einer anderen Straße kam man durch Schluchten entlang eines Flusses in ein anderes Dorf.

Auf einem wieder anderen Weg kam man an einer tibetischen Schule vorbei. Aber zuerst ging ich durch das Städtchen, wo ich auch die ersten Chorten sah und die ersten Gebetsmühlen entlang der Hauptstraße, die auch zum Wohnsitz des Dalai Lamas führte. Gegenüber war der Tempel und ein Weg ging auf der anderen Seite in einem weiten Bogen in die Wälder hinein zu einer Reihe von Chorten. Es war ein Gebetsweg, ein heiliger Weg.

Dazwischen hingen unzählige Gebetsfähnchen. Als ich zum ersten Mal diese vielen Grabmäler sah, war ich sehr ergriffen. Ich spürte etwas Unsagbares. Es war tragisch, aber nicht die Traurigkeit über die vielen Toten schwang an diesem Ort, es war eher etwas Heiliges, etwas Erhabenes und es war nicht erklärbar.

Immer, wenn ich diese Chorten oder Stupen sah, erinnerte ich mich an den Traum vor einiger Zeit, aber sie hatten nicht ganz genau diese Form und es war auch nicht genau dieser Ort.

Abgesehen von den vielen kleinen Restaurants, wo man köstlich essen konnte, gab es überall kleine Ge-

schäfte mit Schmuck, Kleinodien, Seidenteppichen, Silberschmuck, Klangschalen, Räucherstäbchen und vieles mehr. Am Marktplatz gab es Früchte, viele Gemüsesorten und Gewürze, die offen in großen Jutesäcken vor den Holzständen aufgestellt waren und alle orientalischen Gerüche erfüllten die Luft. Überall waren Mönche in ihren weinroten Kutten, die asymmetrisch gebunden waren, sodass eine Schulter immer nackt war, auch bei kaltem Wetter. Nur ein Schal schützte sie.

Besonders von einer Terrasse eines kleinen Restaurants, das "Om" hieß, konnte man in ganz tiefe Schluchten sehen, aber auch von anderen Häusern, denn sie hatten an den Bergseiten meistens alles aus Glas bis fast zum Boden. Am Himmel sah ich Bussarde und Adler und oft hatte ich das Gefühl, selbst zu fliegen, wenn ich in die Täler schaute.

Die Gegend sah so aus, wie ich sie in meinen Träumen gesehen hatte, aber nicht die Stadt selbst. Nach einer Woche hatte ich schon einige Langzeittouristen und Einheimische kennen gelernt und eigentlich wollte ich von dort nicht mehr nach Hause. Aber ich musste und so fuhr ich dann Mitte Mai nach Delhi zurück, aber ohne Umweg und mit einem viel schnelleren Bus.

Dort traf ich dann Hamid und ich sah noch die anderen Sehenswürdigkeiten in Agra und das "Rote Fort" in Delhi. Dann flog ich zurück nach Wien, aber die

Sehnsucht nach Dharamshala blieb, auch wenn ich dort nie mehr hin kam.

Als ich damals in Srinagar meinen begleitenden Freund Hamid meine Träume und Visionen erzählte, erwähnte ich auch, dass ich sehr alte, spitze und doch abgerundete Türme gesehen hätte, die vielleicht hier in Indien zu sehen wären.

Hamid nahm meine Visionen ernst, denn wie alle Inder, war auch er sehr spirituell und glaubte mehr als das, was ein Mensch gewöhnlich mit seinen fünf Sinnen erfassen kann. Er kannte ganz Indien, denn er machte den Beruf als Reiseführer schon sehr lange,. Nach langem Überlegen, sagte er mir damals, dass ich wahrscheinlich einmal nach China reisen würde. Er glaubte, diese Gebäude wären dort. Er sagte das während meiner Ausflüge mit ihm mehrere Male, aber damals glaubte ich nicht, dass ich wirklich jemals nach China kommen würde.

Später hatte ich oft Sehnsucht nach den Tibetern und ich träumte eines Tages, ungefähr ein Jahr später, von einem gebirgigen Land, das völlig bewaldet war und in dem sich eine buddhistische Klosteranlage befand.

Ich wanderte in dieser Landschaft, wo es sommerlich grün und warm war, trug ein langes Gewand und aufgebogene Schuhe. Es war eine lange Pilgerreise, auf der ich mich befand und es war atemberaubend schön und völlig realistisch, als ich das träumte. Immer dachte ich, es sei Nepal, Bhutan, Burma, Sikkim oder Tibet.

In diesem Traum begegnete ich zu meinem Erstaunen einer weißen Frau, die mich umarmte und mir sagte, sie hätte schon lange auf mich gewartet. Diese führte mich dann durch die Klosteranlage über viele Treppen, an deren einen Seite sich hohe Mauern befanden. Woher wir uns kannten und warum sie auf mich wartete, erfuhr ich nicht.

Ich träumte diese Landschaften wiederholt, aber eigentlich dachte ich nicht, dass ich sie jemals noch wirklich sehen würde.

(Auch in diesen Geschichten habe ich die Namen der Personen geändert.)

fotografiert von: Eva Lene Knoll

9
CHINA UND ERINNERUNGEN AN AGARTHA

Es sollten achtzehn Jahre vergehen bis ich tatsächlich nach China reiste, im vorigen Jahr, Im Oktober 2013.

Ich flog von Wien über Doha, Qatar und landete zuerst in Shanghai, Pudong. Dort traf ich meine chinesische Reiseleiterin und meine Reisegruppe für die nächste Zeit. Wir waren nur eine kleine Gruppe, insgesamt fünf ÖsterreicherInnen und vier SchweizerInnen, sowie ein Paar aus Bayern und ein Paar aus Holland.

Am nächsten Tag besuchten wir die ersten Sehenswürdigkeiten in Shanghai. Schon im ersten Tempel, den wir frühmorgens besuchten und, wo ich die vielen Weihrauchstäbchen riechen konnte, fühlte ich, dass die Reise unter einem guten Stern stehen würde, aber als wir anschließend den "Yu-Garten" besuchten, wusste ich, dass ich hier Erinnerungen aus einer anderen Zeit erhalten würde - spätestens als ich allein durch die Wege der Anlage ging. Zuerst machten wir uns eine Uhrzeit und einen Treffpunkt aus, um rechtzeitig wieder zum Bus zu kommen, der uns zurück ins Hotel bringen würde.

Ich setzte mich im Yu-Garten lange zum Fischteich und meditierte, nachdem ich vorher durch einige Pagoden gegangen war. Dabei fühlte ich mich in die alten Zeiten hinein. Aber es waren zu viele Leute da.

Später, im Hotel, traf ich meine Mitreisenden wieder, denn wir wollten später noch in eine Theateraufführung gehen. Natürlich sahen wir auch den Hafen und einige moderne Architekturen wie den sogenannten "Flaschenöffner" und bekannte Einkaufsstraßen. Schon dort fiel mir auf, dass überall herrliche Platanenalleen die Straßen säumten. Diese sah ich später überall in Südchina, ab Luoyang änderte sich dann das Landschaftsbild.

Ein paar Tage später fuhren wir mit dem Zug nach Nanjing weiter. Wir bekamen Kaffee und Kuchen im Zug, denn die Fahrt dauerte immerhin ein paar Stunden, obwohl er zeitweise über 300 Stundenkilometer fuhr. Ich beobachtete die vorbeiziehende Landschaft und das Gefühl, dass ich die Landschaft schon aus alten Zeiten kennen würde, festigte sich bei mir, als wir dann in Nanjing ankamen und das erste Ming-Grab besuchten. Wir gingen auch durch die "heilige Armee des Weges der Seelen", der links und rechts von vielen Statuen umsäumt ist, Darstellungen aus Stein von Kriegern, Mönchen und vielen Tieren, männlichen und weiblichen, die symbolisch für jeweils eine bestimmte Kraft dastanden.

Mein Eindruck verstärkte sich, als ich die vielen Treppen des Mausoleums von Sun Yatsen hinauf stieg. Diese Tempelanlage, die von außen wie eine Stufenpyramide wirkte, kam mir ebenfalls vertraut vor. Das kann ich aber nicht als ein "echtes Déjà-vu" akzeptieren. Alle diese Landschaften hatte ich sicher schon auf vielen Fotos gesehen.

Nanjing war die südliche Kaiserstadt. In der Altstadt gab es ebenfalls viel zu sehen, wie Märkte, Geschäfte und Sehenswürdigkeiten wie Brücken und Monumente, Riksha-Fahrer und Garküchen. Wir waren in Nanjing auch auf der berühmten Yangtse-Brücke, von wo ich einen guten Überblick auf die Landschaft mit dem breiten Strom hatte, wobei ich bemerkte, dass die Donau vergleichsweise zum Yangtse nur ein kleiner Fluss war.

Ein paar Tage später fuhren wir mit dem Zug nach Zhengshou weiter und quartierten uns in ein Hotel ein, wo wir abends an der Hotelbar einige Flaschen Rotwein tranken und die bisherige Reise reflektieren. Von dort fuhren wir mit dem Bus in Richtung Luoyang und ich sah, wie sich die Landschaft langsam veränderte.

Wir kamen nach Zentralchina und die Platanenalleen waren nicht mehr so üppig. Dafür gab es viele Zedern, Birken und andere Bäume. Von Weitem sah man schon die Berge, denn wir waren bereits weit vom Meer weg und kamen immer mehr in den Westen Chinas.

In dieser Gegend gab (und gibt) es 90 Kung-Fu-Schulen, erklärte uns unser einheimischer Reiseführer, den wir zusätzlich zu unserer chinesischen Reiseleiterin hatten, die uns aber bis Beijing begleitete.

(Anmerkung: Unsere Reiseleiterin war natürlich auch eine Einheimische, eine "Han-Chinesin", aber mit "Einheimische" waren wohl die Einwohner der jeweiligen Provinzen gemeint.)

Han-Chinesen machen die Mehrzahl der Chinesen aus, etwa 90 %. Aber es gibt auch andere, Zum Beispiel Chang- und Wakku -Chinesen, die sich mit den anderen die restlichen 10 % teilen. Das sind andere ethnische Gruppen als die Han-Chinesen. Die Han-Chinesen sind durchwegs von der daoistisch-buddhistischen Philosophie geprägt.

Die beiden Reiseleiter zeigten uns eine sehr alte Shaolin-Klosteranlage in der Nähe von Luoyang, die für eine sehr bekannte und große Kung Fu-Schule bekannt war. Der Busfahrer parkte sich ein und wir liefen zum Eingang der Anlage. Bis zum Kloster gingen wir gemeinsam, wobei uns unser einheimischer Reiseleiter die Tempelanlage und deren Figuren sowie ihr Alter erklärte und uns auch etwas über den Buddhismus und den Daoismus erzählte. In China kann man sagen, dass es eher einen daoistischen Buddhismus gibt. Jede Kultur färbt den Buddhismus mit ihrer alten Religion oder

Philosophie ein, so wie in Tibet der Buddhismus mit dem alten Bon-Schamanismus verbunden wurde.

Wir trennten uns nach der Besichtigung der Tempelanlage und bekamen eine Zeit- und Ortsvorgabe, um uns rechtzeitig für die Busfahrt ins Hotel wiederzutreffen.

Man hätte hier nicht nur stundenlang, sondern auch tagelang wandern können. Ich ging gemeinsam mit den Schweizern durch die Alleen, wo links und rechts Zedernhaine angelegt waren. Aber auch Schwarzföhren, Birken, Ahorn und andere Bäume, die ich nicht kenne, gab es. Dazwischen sahen wir ein paar Sportanlagen, wo wir das Glück hatten, Kung-Fu-Schüler beim Trainieren beobachten zu können.

Wir hatten uns zwar getrennt, aber trotzdem trafen wir auch ab und zu noch einen oder zwei von der Gruppe, denn wir gingen ungefähr gleich langsam und dieselbe Richtung, bis wir zu Grabmälern kamen, der "Pagodenwald" genannt wurde. Ab da gab es mehrere Möglichkeiten ,weiter zu gehen.

Als ich die Anlage mit den alten Pagoden sah, war ich sehr beeindruckt. Solche Grab-Pagoden kenne ich in Indien unter dem Namen "Stupas" und in Tibet werden sie "Chorten" genannt. Das sind hohe Reliquienschreine, wie Türme, oben spitz, manchmal abgerundet und verziert mit vielen kleinen und größeren Buddhafiguren und anderen Ornamenten. In diesem Fall waren die

Grabmäöer auch mit Schriften graviert, die ich nicht kenne, wahrscheinlich Mandarin oder Mandschurisch. Unsere Reiseleiterin Hua Chan hat uns später den Unterschied zwischen diesen Schriftarten gezeigt - nicht, dass wir sie dann lesen hätten können.

Nun, ich war dermaßen beeindruckt, dass ich es vorzog, ganz alleine durch die Anlage weiter zu gehen, um mir alle Eindrücke tief einzuprägen. - Denn diesen Pagodenwald hatte ich schon gesehen - in einer Traumvision, damals im Jahr 1995, bevor ich nach Indien flog.

Und das werte ich als ein echtes Déjà Vu!

Auch die Waldlandschaft war mir nicht unbekannt, selbst die alten Steintische nicht und die Steinbänke, auf denen man sich ausruhen konnte. Im Hintergrund waren reichlich bewaldete Berge, nur der Himmel war leicht bedeckt. Es war ja schon Spätherbst. So ging ich durch die Anlage, rund um den Pagodenwald und schließlich zurück zum Haupttempel, wo ich die Räucherstäbchen, die mir ein Mönch gegeben hatte, anzündete und in eine der Sandkisten steckte, die vor jedem Tempel standen.

Bald war ich umhüllt von geweihtem Rauch , denn es brannten sehr viele Räucherstäbchen, die von den Touristen, fast alles Einheimische, geweiht wurden. Sie verbeugten sich vor Buddha und fielen auf die Knie, die Hände nach vorne gebeugt, während sie wie Schalen nach oben gerichtet waren, um erleuchtetes Wissen zu empfangen.

Ich sah noch einige Nebengebäude, wo die Mönche lebten und in den Vorgärten viele Fabelwesen, wie den "Dzhi Ling", ein Mischwesen aller Tierkreiszeichen und welche, die wie Schildkröten aussahen, jedoch auch ein Gemisch des chinesischen Zodiaks darstellten. Links und rechts vor den Tempelhallen standen steinerne Wächter, bemalt mit bunten Farben. Dann ging ich die vielen Stufen wieder hinunter, was mir Schmerzen bereitete. Noch vor einigen Jahren konnte ich sie hinunterrennen.

So ging ich langsam zurück, den Allen entlang, betrachtete dabei die vielen Zedern und Kiefern, die Leute, die Steinstatuen und kam dann langsam zum Ausgang, wo wir uns wieder trafen.

Inzwischen war die Sonne wieder hervorgekommen und man konnte die Landschaft in ungetrübtem Licht bestaunen: Die grünen Wälder um der Anlage und in der Ferne die Berge, die nun wie liegende Figuren auf uns hinunterblickten. Einige Kung-Fu-Schüler trugen alte Matratzen auf den Schultern. Das waren Trainings-Matten. aber es hatte den Eindruck, als würden sie sie auch benutzen, um jederzeit irgendwo im Wald sich darauf ausruhen zu können.

Außerhalb gab es noch einige Stände, die Souvenirs und Getränke verkauften, aber wir gingen gleich zum

Busparkplatz und fuhren weiter nach Luoyang und ins Hotel. Luoyang ist nicht einmal eine Zweimillionen-Stadt, das ist für den chinesischen Maßstab nur eine kleine Stadt.

Abends war ich nur noch müde von den vielen Eindrücken und meine Beine waren geschwollen.. Nach dem Essen wollte ich daher nichts mehr unternehmen, nur mehr heiß duschen und im Zimmer bleiben. Es war bereits sehr kühl geworden. So setzte ich mich ins Bett und lehnte mich auf den Polster, nahm meinen Notizblock und wollte das Erlebte aufschreiben. Ich hatte nur eine kleine Lampe brennen.

Draußen schien der Sichelmond und ich sah die Skyline einiger Wolkenkratzer der Großstadt, deren Konturen mit Lichterketten beleuchtet waren. Ich hatte die Vorhänge offen, denn ohnehin war ich im 9. Stockwerk. Niemand konnte herein sehen. Ich hatte gerade einen Satz geschrieben, da überfiel mich ein seltsames Müdigkeitsgefühl und mir fiel der Kugelschreiber regelrecht aus der Hand. Ich wusste nicht mehr, hatte ich die Augen zu oder offen, jedenfalls war ich plötzlich mitten in der Landschaft der Klosteranlage, die ich vor ein paar Stunden gesehen hatte - nur in einer anderen Zeit.

Ich war eine junge Frau und wanderte durch eine lichte Waldlandschaft, denn obwohl die Bäume hoch waren, drang immer wieder die starke Sonne durch. Es war Sommer und sehr warm. Alles war grün und blühte. Ich hieß "Pema" und trug ein weites Gewand , angenehm zu tragen und gewebt aus dicken Fäden mit unaufdringlichen Farben wie hellbraun, lila, blau und rosa. Außerdem war das Gewebe mit Silberfäden bestickt und nicht aus sehr schwerem Material, aber doch nicht so leicht wie Seide, wahrscheinlich war es mehrfach gekämmte Wolle.

Meine Schuhe waren spitz und aufgebogen und es waren Silberglöckchen dran. So wanderte ich durch die Wälder, der sehr groß sein musste und sich durch eine gebirgige Landschaft zog, bis zum Tal hin. Der Weg war nicht ganz menschenleer, denn immer wieder traf ich auch andere, die gleich altmodisch wie ich in dieser Vision angezogen waren. Waren es Pilger?

Ich kam aus Kham, das zu Osttibet gehörte. Es war ungefähr das Jahr 1300 nach Chr. und die Yuan-Dynastie war damals an der Macht. Das war eine mongolische Herrschaft. Die chinesische Mauer war noch nicht ausgebaut, aber es gab schon Teile davon. Ich war zwar ein Mädchen, aber benahm mich gerne wie ein Junge. In diesem Gebiet lebten große Leute und auch ich war groß gewachsen, überhaupt für eine Frau. Mein Vater war der Dorfschamane der Bon-Tradition in Kham, die sich mit dem bereits aufgekommenen Buddhismus gut vereinen konnte und es war mein Erbe, eines Tages auch die Dorfschamanin zu werden, aber ich wollte noch mehr erfahren, ich wollte Meisterschaft erreichen.

Zu jenem Zeitpunkt war ich erst 17 Jahre alt und sollte schon im nächsten Jahr mit Jigme verheiratet werden. Jigme war ein junger Mann, den ich eigentlich gern hatte, aber noch lieber war es mir, erleuchtet zu werden, als zu heiraten, ich wollte auch etwas über Kampftechniken lernen, die man in einem chinesischen Kloster lehrte. Es war mir zu Ohren gekommen, dass in Zentralchina ein Mönch lebte, der zu diesem Orden gehörte und ein Meister dieser wunderbaren Kampftechniken sei, sodass die Mönche unbesiegbar waren, wenn sie sich verteidigen mussten.

So wollte ich unbedingt dorthin an jenem Ort, um seine Schülerin zu werden. Das wurde mir von meinen Eltern nicht erlaubt. Ich hatte jedoch einen eigenen Willen und machte mich heimlich auf dem Weg, nur ausgerüstet mit dem Gewand, das ich an hatte, eben dieses weite Kleid und noch einem schweren Umhang, der mich wärmte. In der Innenseite waren Taschen für alles Notwendige, wie eine Schüssel, Löffel, Messer, Taschen mit getrocknetem Fleisch, Yakbutter und Früchten, Lederbeutel mit Wasser.

Um die Taille trug ich eine bunt bestickte Schürze und an den Füßen Lederstiefel nach mongolischer Art. Zur Stütze beim Wandern durch das Gebirge hatte ich einen langen Wurzelstock, den ich selbst kunstvoll geschnitzt und mit Bändern verziert hatte. So ging ich auf meine Reise. Es war ein beschwerlicher Weg und ich schwitzte am Tag und fror in der Nacht. Nachts suchte ich nach Höhlen und machte ein Feuer in der Nähe - auch um mich vor wilden Tieren, wie Wölfe zu schützen, die Angst vor dem Feuer hatten. Ich wusste, wie man mit Holz Feuer machte und das gab es damals noch reichlich. Am Weg fand ich auch immer wieder Quellen, sodass mein Trinkwasser nie zu Ende ging.

Ich kam nur langsam voran, musste immer wieder über Bergpässe und über Flüsse, aber schließlich kam ich ins heutige Szechuan. Dort kam ich bald zu Bauernhöfen und die Bauern erlaubten mir, bei ihnen im Haus zu schlafen. Sie hießen es aber nicht gut, dass ich als junge Frau allein durch China zog, auch wenn es eine Pilgerschaft zu einem Meister war. Aber sie hatten Mitleid und gaben mir zu essen und einen Schlafplatz.

Schließlich kam ich in die Gegend von Luoyang. Ich erkundigte mich nach dem Wohnsitz des besagten Meisters und die Einheimischen richteten mir aus, ich wäre schon ganz in der Nähe der Höhle, wo der Mönch wohnen würde. Ja, er wohnte in einer Höhle in den Bergen - mitten im Wald. Das war nichts Ungewöhnliches, auch in Tibet wohnten die Menschen gerne in Höhlen im Hochgebirge - geschützt vor Wind und Wetter und vor ungewünschte Besuchern.

Der Mönch hieß "Wangshuk Ling". Schließlich kam ich zum Berg meines zukünftigen Meisters. Ich ging die vielen Treppen hoch, die ich aufgrund der langen, mühsamen Wanderung jetzt leichtfüßig hochsteigen konnte und schließlich kam ich oben an. Ich verbeugte mich und brachte mein Anliegen vor, von ihm mehr über den Buddhismus und den Daoismus zu lernen.

Wangshuk Ling fragte mich einiges und beobachtete mich dabei, dann lehnte er jedoch ab. Aber als ich kurze Zeit später wieder zu ihm kam und nochmals bat, mein Lehrer zu sein, antwortete er:

"Wenn du ein Jahr lang in einer Höhle meditieren kannst und allein in diesen Bergen überlebst, nehme ich dich als meine Schülerin an."

Ich war schon so weit gewandert und seine Schülerin werden wollte ich unbedingt. Daher suchte ich eine Höhle in der Nähe und machte sie zu meiner Wohnstätte. Ich zog mich darin tatsächlich ein Jahr zurück, meditierte und lebte in einfachster Weise.

Nach einem Jahr ging ich wieder zu Wangshuk Ling und der Meister nahm mich tatsächlich als seine Schülerin an. Zum Zeichen, dass ich nun Adeptin, seine Meisterschülerin also, war und alles Weltliche hinter mir lassen würde, müsste ich mir die Haare schneiden, das verlangte er auch. Er hatte das ebenfalls gemacht, als er noch jung war und alleine in der Höhle als Mönch lebte - bis zu seiner "Erleuchtung".

Inzwischen hatte er längst wieder einen langen Zopf und einen langen, spitzen Bart, der zweigeteilt war. Auch hatte er seit langem eine Frau, die seine Einsamkeit mit ihm teilte. Sie hatte den Namen "Hao Chime".

Sie war viel jünger und zu meiner großen Überraschung hatte sie eine weiße Haut, nicht so wie meine, die war ockerfarben und ich hatte auch rote Backen. Hao Chime war ganz weiß und hatte schwarze Haare und blaue Augen. Sie trug ihre Haare geflochten und aufgesteckt und sie war sehr schön. Sie hatte eine längere und hervorstehendere Nase als alle anderen Menschen, die ich je gesehen hatte. Das gefiel mir.

Hao Chime war eine sehr weise Frau für ihr Alter und sie hatte große Herzensgüte. Sie sorgte für das leibliche Wohl von Wangshuk Ling, der sie vor ungefähr zehn Jahren zu seiner Frau nahm, als sie vierundzwanzig Jahre alt war, nachdem sie schon als Kind bei ihm gelebt hatte und er wie ein Vater für sie gesorgt hatte. Hao Chime hatte ihn immer schon geliebt, aber Wangshuk Ling heiratete sie erst, als er sicher war, dass die Liebe zwischen ihnen harmonisch verlaufen würde und sich nicht nur ihrer Zuneigung gewiss war, sondern er sich auch selbst sicher genug war, dass er ihr ein guter Mann für sie sein würde.

Jetzt wurde Wangshuk Ling bald fünfzig Jahre alt und Hao Chime wurde fünfunddreißig. Er hatte sie als zehnjähriges Kind genommen, als er erst fünfundzwanzig Jahre alt war, aber er war schon seit ein paar Jahren ein erwachter Mönch gewesen und hatte bis zu seiner Erleuchtung als Eremit gelebt.

Der Meister Wangshuk Ling lehrte mir mehr als zehn Jahre den Buddhismus und das Dao und später auch noch Kung Fu, denn seit langer Zeit wurde auch die Körperertüchtigung bei den Mönchen als wichtig betrachtet, denn die Harmonie zwischen Körper und Geist war unbedingt erforderlich im Daoismus. So war Kung Fu eigentlich gedacht: Harmonie zwischen Körper und Geist zu bringen, zwischen männlich und weiblich, Yin und Yang. Erst später wurde Kung Fu zur Selbstverteidigung eingesetzt und die Kung Fu-Mönche wurden berühmt, als sie seinerzeit erfolgreich dem Kaiser von China bei der Verteidigung seines Reiches halfen. China wurde erst unter dem mächtigen Kaiser "Zhu Di" vereint.

Eines Tages erzählte Hao Chime die Ereignisse, die dazu führten, dass sie zu Meister Wangshuk Ling kam, als ich sie danach fragte.

Es war ungefähr vierzig Jahre her, da kam ihn Südchina ein Schiff vom Westen an, geführt von einem Mann, den sie "Herr Marco" nannten. Er war ein edler Handelsreisender und kam von einer ganz anderen Kultur mit einer anderen Religion. Er kam mit seiner Mannschaft und vielen Waren aus Europa. Er hatte Erfolg, denn er kam seinerseits mit Waren, die so nicht in China bekannt waren. Das waren blonde Haarperücken, die von den Frauen wegen ihres exotischen Aussehens begehrt wurden, Honig, Lederwaren, Schmuck, Gewürze und Baumwollstoffe aus Indien, wo die Handelsreisen-

den vorher waren und Geschäfte machten. Er und sein Vater, der mit ihm gekommen war, sowie seine Brüder und einige Männer aus seiner Mannschaft wurden in das Haus des Botschafters eingeladen. Sie waren angeblich dann sehr lange im chinesischen Reich und lernten unsere Kultur.

Dieser Marco hatte wohl eine Frau oder Geliebte zu Hause in Europa, denn er wollte lange keine Konkubine, obwohl ihm viele Frauen vorgestellt wurden. Aber eine der Damen verliebte sich in Marco, der ein schöner Mann war. Er hatte blaue Augen und dunkelblondes Haar, war sehr groß und hatte eine längere und vorstehende Nase. Das war sehr exotisch für alle Asiaten. Aber er war auch klug und ein humorvolles Gemüt.

Diese Dame, klein, zierlich, mit schwarzem, hüftlangem Haar, das kunstvoll aufgesteckt war und einem feingeschnittenen Gesicht beeindruckte Marco und da er auch ein junger, gesunder Mann war, konnte sie ihn verführen. Alles nahm seinen Lauf: Er verliebte sich in sie und nahm sie zu seiner Konkubine für lange Zeit. Allerdings achtete er darauf, ihr kein Kind zu zeugen, denn er wollte eines Tages zurück nach Europa, nach Italien genau.

Lange Zeit ging das auch gut, aber kurz vor seiner Abreise wurde die Dame Huan Ling, wie ihr Name war, doch schwanger.

Das wusste aber jener Marco nicht, denn noch bevor Huan Ling das wusste, reiste der fremde Herr, Marco, mit seiner Mannschaft ab, zurück in den Westen - nach Europa.

Als Huan Ling von ihrem Zustand erfuhr, war das noch schwerer für sie. Sie war sehr unglücklich. Die genaueren Umstände wusste Hao Chime dann nicht mehr. Angeblich hatte Huan Ling kurz nach ihrer Geburt Selbstmord verübt und ihr Kind kam in ein Waisenhaus. Diese waren damals besonders schlecht. Hao Chime war das Kind von Huan Ling und sie musste dort als Mädchen aufwachsen und wusste, dass sie später keine Chance im Leben haben würde, ehrenhaft zu heiraten, obwohl ihre Chancen, eine Konkubine zu werden, gut waren, da sie weiß war und ein exotisches Aussehen hatte. Ihr Aussehen kam gut an und sie war deshalb sehr begehrt. Das war aufgrund ihres Erbes des europäischen Vaters.

Hao Chime war ein furchtloses Mädchen und sie flüchtete eines Tages und kam dabei weit in den Westen, immer weiter und weiter. Sie ernährte sich von Beeren und Wurzeln und versteckte sich vor den Menschen von denen sie nichts Gutes erfahren hatte in ihrem bislang kurzen Leben.

Sie wusste nicht mehr, wie viele Wochen und Monate sie unterwegs war, wo sie in Höhlen und in selbstgebauten Grasbehausungen in den Wäldern schlief. Sie konnte Feuer machen, das hatte sie gelernt und das half ihr viel. Sie hatte Glück, als sie eines Tages in die Berge kam. Immer weiter stieg sie hinauf, um eine Höhle zu finden, wo sie sich eine Wohnstätte machen konnte und kam dabei schmutzig, völlig zerlumpt und ausgezehrt zufällig ausgerechnet zu Wangshuk Lings Höhle.

Als Wangshuk Ling Hao Chime sah, erbarmte er sich und nahm sie wie ein Kind auf, das er selbst nie hatte. Er sorgte für sie, so wie sie später für ihn sorgte.

Ich sah in Hao Chime eine mütterliche Freundin. Sie konnte Mütterlichkeit geben, obwohl sie selbst nie eine Mutter hatte. Die Jahre vergingen und eines Tages, schickte mich Wangshuk Ling wieder nach Hause. Er sagte mir, dass er mir nun nichts mehr lehren könne und sie nicht mehr weiter ausbilden könne. Nach zehn Jahren nahm ich nun Abschied. Wir sollten uns nicht wiedersehen, denn ich ging weit in den Westen nach Kham zurück.

Nach langer Zeit kam ich endlich wieder nach Kham, und meine Familie freute sich, als ich wieder nach Hause kam, obwohl ich große Angst hatte, wie sie nach so langer Zeit der Abwesenheit reagieren würden, wo ich doch damals einfach gegangen war.

Aber sie waren glücklich, dass ich wieder da war. Später lehrte ich mein Wissen weiter. Mein nachbarlicher Freund Jigme hatte inzwischen meine Cousine Tsomo geheiratet. Aber sein Bruder Gonpo war beeindruckt von mir und verliebte sich in mich und ich in ihn.

Nachdem auch er von meinem Wissen und meiner Meisterschaft erfuhr, wollte er meine Kampfkunst lernen, was ich auch tat. Er war sehr gelehrig.

Bald darauf heirateten Gonpo und ich und ein Jahr später gründeten wir beide eine Schule, wo ich den Buddhismus und die Kampfkunst, so wie ich es seinerzeit von Wangshuk Ling gelernt hatte, weiter lehrte. Gonpo stand mir als Lehrer zur Seite und trainierte die Schüler ebenfalls, die wir bald reichlich hatten.

Gonpo nannte mich später gerne liebevoll "Lhamo", Göttin. Ich wurde sehr glücklich mit ihm und bekam bald zwei Kinder: Ein Mädchen und einen Jungen, obwohl ich für damalige Verhältnisse schon ein bisschen alt war zum Kinderkriegen.

Irgendwann in der Nacht wurde ich im Hotelzimmer wieder wach und war sehr erstaunt über diese Traumvision. Ich schrieb sie in Stichworten flüchtig auf meinen Notizblock, denn ich war noch immer sehr schläfrig, dann drehte ich die Lampe ab und schlief weiter.

Am nächsten Tag stand noch ein großes "Highlight" bevor: Die Longmen Grotten, das sind Grotten in den Bergen, mit heiligen Buddafiguren in einem eigenen Stil, aus Stein gehauen, kleine und große, die in alten

Zeiten noch bunt bemalt waren. Aber die Farben fehlen jetzt schon, man kann sie nur mehr andeutungsweise sehen. Die Buddhas waren sitzend, liegend und stehend dargestellt. Auf dem Weg dorthin kamen wir wieder durch beeindruckende Berglandschaften und wir konnten noch Wohnhöhlen sehen, worin früher die Menschen wohnten und zum Teil auch noch heute wohnen.

Dort konnten wir wieder kilometerweit wandern und wir trennten uns nach der Erklärung über die Beschaffenheit und das hohe Alter der Buddhafiguren in kleine Grüppchen und machten uns wieder Zeit und Ort unseres Treffpunktes aus. Wir erfuhren, dass auch dieser Ort ein international anerkanntes Kulturerbe sei, sowie die Yangtse-Brücke und die chinesische Mauer und vieles andere. Wir gingen entlang eines Nebenarmes des Yangtse. Auf der anderen Seite befanden sich die Berge mit den vielen Grotten und den verschiedenartigsten Buddhas. Wieder war ich vollkommen hingerissen von den Eindrücken und natürlich musste ich wieder viel Treppen steigen.

Nach einigen Stunden fuhren wir zum Bahnhof, von wo wir dann mit dem Zug nach Xian fuhren. Wir kamen dort spät in der Nacht an und nach dem Essen und Duschen schlief ich sofort in meinem für unsere Verhältnisse eigentlich harten Hotelbett ein.

Wieder hatte ich eine Traumvision. Ich befand mich diesmal in Tibet, hoch im Gebirgszug des Himalaya und ich war eine Frau. Meine Name war "Nyima".

Ich lebte in einem kleinen Dorf, das in einer riesigen Höhle eines Himalaya-Gebirgszuges hinein gebaut war. Ich hatte schwarzes Haar, das in Zöpfen geflochten war, eine bronzefarbene Haut mit roten Backen und dunkle, mandelförmige Augen.

Das Dorf konnte man nur über steile Treppen erreichen. Es war geschützt vor unwillkommenen Fremden, vor Wind und Wetter - und da Felsen feuerfest waren, auch vor Brand. Hinter den Häusern gab es oft Grotten mit Steinstatuen, die Gottheiten und Dämonen darstellten. Es musste eine sehr alte Zeit sein, wahrscheinlich einige Jahrhunderte vor Christi Geburt und wohl kurz vor der Zeit des historischen Buddhas Siddharta Gautama.

An manchen Stellen flossen an den Bergwänden Quellen herab, die dann einen kleinen Bach speisten, der den Wasserbedarf der dort lebenden Menschen deckte. Die von der Höhle hinaus hängenden, mit Vegetation bedeckten Felsenterrassen benutzten wir zum Anbau von Hirse und einigen wenigen anderen Gemüse- und Fruchtsorten. Ansonsten hüteten wir Bergziegen, Yaks und Schafe, deren Milch wir verarbeiteten. Außerdem boten sich uns die hier lebenden Tiere zur Jagd an, ins-

besonders große Vögel und kleinere Nagetiere. Wolle und das Leder und Fell der Tiere brauchten wir für Kleidung und Decken.

Ich holte Wasser und hütete das Feuer, an dem ich die Mahlzeiten kochte, um meine Familie zu versorgen. Ich hatte einen Mann und drei Kinder. Dazu lebten noch meine alte Mutter und die Schwiegereltern im kleinen Haus.

Am Abend saßen wir in der Gemeinschaft und es wurden im Schein des Feuers Geschichten erzählt, bis alle müde wurden. Das Dorf lebte zwar in einer Steinzeit, aber die Menschen waren zufrieden. Ich führte ein glückliches Leben. Obwohl wir alle nicht sehr alt wurden, war unser Dasein geprägt von Harmonie. Wir waren freundliche, hilfsbereite und bescheidene Menschen und wir kannten kein anderes Leben. Wir bewunderten die Natur und sahen das Göttliche in ihr und lebten mit ihr in Einklang.

Abseits des Dorfes gab es zwei Höhleneingänge, die von steinernen Dämonen bewacht wurden. Ging man hinein, konnte man kilometerweit hinab steigen und die Höhlen verzweigten sich in viele Gänge.

Ging man noch weiter, kam man an ganz anderen Stellen des Gebirges heraus in eine grüne Landschaft und man konnte die Bergspitzen nun von unten sehen. Aber das tiefe Land war uns Hochgebirgsmenschen unbekannt und es schien uns auch sehr gefährlich, so dass wir uns dort nie lange aufhielten, obwohl es viel grüner und wärmer war in diesen Niederungen.

Aber es gab auch Höhlen, deren Gänge noch viel tiefer und weiter führten. Die alten Weisen sagten, dass sie auf diesen Wegen zu einem unterirdischen Land kommen würden, das sie "Agartha" nannten. Dieses Land hätte auch einige Städte und die Menschen dort würden in einer anderen Kultur leben. Sie erzählten, dass es dort unglaublich großartige Gebäude und Dinge gäbe, die sie vorher noch nie gesehen hatten.

In Agartha hätten sie auch eine Schrift und sie konnten sich dadurch auch ohne zu sprechen unterhalten, indem sie diese Zeichen auf dünnes Holz mit einer dunklen Flüssigkeit schreiben würden oder in feuchte Lehmplatten ritzten, die sie dann trockneten. Sie konnten mit ihren Werkzeugen wunderbare Gewänder nähen und allerlei andere kunstvolle Dinge anfertigen. Sie hatten auch andere Materialien für ihre Stoffe; Stoffe, die wir nicht kannten.

Allerdings wären die Menschen dort nicht so hilfsbereit und freundlich wie wir, hier im Dorf und sie glaubten auch an andere Gottheiten. Sie hatten überhaupt ein anderes Weltbild, so dass die in Agartha lebenden Menschen zwar sehr klug seien, aber sie verehrten wohl Dämonen, die Neid und Habsucht darstellten und daher kam es zwischen diesen Menschen oft zu Auseinandersetzungen, die zu Katastrophen führten.

So meinten die alten Weisen, dass es nicht ratsam sei, ganz nach unten nach Agartha zu gehen oder sich gar mit diesen Menschen einzulassen. Es sei sogar gefährlich, denn Neid und Habsucht seien dämonische Eigenschaften, die leicht auch übergreifen könnten und dann wäre es auch mit unserem friedlichen Dorfleben vorbei.

So war es zwar oft sehr verlockend, diese Höhlen bis ganz nach unten zu erforschen, aber ich und mein Volk beherzigten die Geschichten der Alten und respektierten die alten, aus Stein gehauenen Wächterdämonen, die uns davor warnen, all zu weit in die Tiefe zu steigen.

fotografiert von: Eva Lene Knoll

Fast verwirrt von dieser Traumvision wurde ich munter, aber ich hatte nicht viel Zeit. In einer Stunde würden wir schon abfahren, um die bekannten Gruben der Terracotta-Armee des Mausoleums des einstigen mächtigen Kaisers Zhu Di, zu besuchen.

Die erste Grube war sehr gut restauriert, während die Ausgrabungen in den anderen nur langsam vorangehen und noch nicht restauriert sind. Man konnte aber gut erkennen, dass es auch andere Figuren als nur aufrecht stehende Soldaten gab: Da waren auch kniende Bogenschützen und Pferde. Man fand auch viele Waffen aus rostfreiem Stahl, wie Schwerter und sogar Nägel. Wie sie die seinerzeit herstellen konnten, weiß man heute nicht mehr.

Später sahen wir noch die große und die kleine Wildganspagaode und unsere chinesische Reiseleiterin, die uns ab Xian wieder alleine begleitete, erzählte uns die Geschichte von Buddha "Avalokiteshvara", der damals im Körper einer Frau, die eigentlich Prinzessin war und die Gründerin dieser Klosteranlage, reinkarniert war.

In Xian sahen wir auch die gut erhaltene Stadtmauer, ein muslimisches Stadtviertel, den Glockenturm und den Trommelturm und einige andere Sehenswürdigkeiten. Von dieser Großstadt nahmen wir erst in ein paar Tagen Abschied, um mit dem Nachtzug nach Beijing zu fahren.

Leider sah ich keine Landschaften in der Nacht, dafür waren wir gleich morgens in Beijing und fuhren nach dem Frühstück gleich weiter zu den ersten Sehenswürdigkeiten, nämlich der gut erhaltenen Stadtmauer und dem Palast des Himmels.

In Beijing war es bereits sehr kalt. Es blies der Nordwind und die Wasserlachen waren in der Früh noch gefroren, aber es war blauer Himmel.

Ich dachte, dass hier in Beijing, obwohl es die nördliche Kaiserstadt war und heute die Hauptstadt Chinas, die Überraschungen für mich nicht mehr übertroffen werden könnten. Nun, übertroffen wurden sie zwar nicht, aber die Sehenswürdigkeiten setzten mich ebenso in Erstaunen wie die Klosteranlage in der Nähe von Luoyang und die Grotten mit den vielen Buddhafiguren.

Natürlich sahen wir auch Einkaufszentren der modernen Stadt, eine Seidenmanufaktur und eine Jadeschleiferei, so wie viele andere, moderne Sehenswürdigkeiten, wie das Olympiastadion, aber die alten Anlagen, wie die "verbotene Stadt" des Kaisers sowie der "himmlische Platz des Friedens", wo sich auch das Mao Dse Dong-Museum befindet, waren für mich interessantere Highlights. Diese sahen wir in den nächsten Tagen.

Besonders beeindruckt war ich aber vom Sommerpalast des Kaisers und der Geschichte des mächtigen Kaisers "Zhu Di" und seiner Mutter Cixi, die diesen Pa-

last als Residenz bevorzugte. Doch als die Mutter des Kaisers starb, machte er wieder den nördlichen Kaiserpalast zu seiner Residenz. Allerdings überlebte der Kaiser seine Mutter nur um ein paar Jahre und starb noch sehr jung.

Der Sommerpalast lag an einem "heiligen See" und die Anlage war zauberhaft - mit ihren Gärten und den vielen Pagoden mit den bedachten Gängen, die die einzelnen Bauten miteinander verbanden. Dieser große See hatte auch einen großen Hafen und es waren viele Boote angelegt. Von Weitem sah man eine Halbinsel mit einer entzückenden Pagode. Wir gingen entlang des Seeufers und kamen schließlich zu dem bekannten prunkvollen Marmorschiff, das natürlich niemals schiffstauglich war. Es wurde nur gebaut, um das Volk zu beeindrucken

Wir schauten uns auch die Häuser der Konkubinen an sowie die Fabelwesen an den Plätzen. Schließlich kamen wir auch an der kaiserlichen Sommerresidenz vorbei, worin sich die älteste Telefonanlage Chinas befindet. Dann gingen wir wieder zurück. Vorher blickten wir noch in den kaiserlichen Garten, dann gingen wir zum Ausgang.

Bis zu diesem Zeitpunkt hatte ich schon mehr als tausend Fotos gemacht in China. Soviel hatte ich noch bei keiner Reise fotografiert.

Wir fuhren mit dem Bus zu den Ming-Gräbern und betrachteten wieder einmal die vielen Mausoleen, wobei wir auch durch die "heilige Armee" auf dem "Weg der Seelen" kamen, wie vor einiger Zeit in Nanjing. Links und rechts wurde der Weg wieder von Kriegern und Fabelwesen aus Stein bewacht. Zwei Tage vor der Abreise gingen wir abends noch zu einer Theateraufführung, wo ich in Englisch noch einmal über den Daoismus anhand einer Kung Fu-Geschichte hören konnte - mit schönen Einlagen der Kampfkunst in tänzerischer Form.

Am letzten Tag fuhren wir dann nach Badaling zur "Großen Mauer". Es war ein paar Stunden Fahrt mit dem Bus. Wieder war es sehr kalt mit heftig blasendem Nordwind und ich musste mich sehr warm anziehen, nämlich alles, was ich an warmem Gewand mit hatte. Der Himmel war aber blau und sonnig und versprach eine gute Aussicht.

Wir gingen durch die Straßen Badalings zu Fuß und kamen schließlich zum Hotel Badaling mit einem angeschlossenen Restaurant, wo wir zu Mittag aßen. Hier war auch das letzte Einkaufszentrum was ich in China sah, denn am nächsten Tag war der Tag des Abflugs vom Flughafen Beijing.

Nach dem Mittagessen gingen wir zur großen Mauer. Wiederum gab es viele Treppen. Wir hatten Glück, da es ein Wochentag war und nicht so viele andere Touristen da waren. Wir waren wieder fast die einzigen "Langnasen", alle anderen waren Touristen aus den verschiedenen chinesischen Provinzen. Für diese Leute waren wir natürlich Exoten und einige wollten uns fotografieren, was wir gerne bejahten. Wir trennten uns wieder und machten uns eine Zeit aus, wo wir uns im Hotel treffen würden. Das Hotel war für jeden leicht zu finden. Es war ein schöner, wenn auch kalter Tag und wir hatten einige Stunden Zeit.

Zuerst ging ich zum Nordtor, wo fast alle Touristen hin gingen. Die Stufen waren steil, aber bis zum ersten Tor ging es noch leicht. Ich ging durch den ersten Nordturm, dann weiter zum zweiten. Es wurde mühsam, aber ich stieg weiter. Die Aussicht auf die Landschaft war herrlich. Aber dann ging ich doch zurück und als ich wieder vor die erste Nordbrücke kam, ging ich einen Seitenweg hinunter.

Ich kam an einem Häuschen vorbei und an einigen Mauern, die mich wieder an etwas zu erinnern schienen. Ich ging weiter und kam zu einem erhöhten Platz einer Nebenmauer. Es war nun in der Sonne richtig warm und ich legte meine Mütze auf eine Zinne. Ich war ganz allein hier, daher konnte ich mich gemütlich auf eine Nische zwischen den Zinnen setzen und lehnte meinen Rücken gegen eine Wand. Ich beobachtete die grüne Landschaft unter mir und machte dabei einige Fotos.

Schließlich wurde ich ein bisschen müde. In den letzten Tagen hatte ich zu kurz geschlafen und ich war viele Stufen gestiegen. Am liebsten hätte ich gedöst, aber das war auf der Zinne doch etwas zu gefährlich. Plötzlich stiegen Bilder in mir auf - wie aus einem Film.

Ich erinnerte mich wieder an gewundene Straßen mit Mauern und an die Traumvision, die ich vor der Reise nach Indien hatte. Damals wusste ich nichts damit anzufangen, als ich die weiße Frau sah, die mich auf dem geschlungenen Weg traf und so herzlich umarmte. Außerdem hatte sie in der Traumvision behauptet, schon so lange auf mich gewartet zu haben.

Jetzt kam diese Frau wieder auf mich zu - die Geschichte spielte sich also hier in Badaling ab, denn ich erkannte die Landschaft mit den Mauern jetzt ganz genau. Damals waren sie teilweise mit rötlicher Farbe getüncht, die jetzt aber nirgends mehr zu sehen ist.

Sie war offensichtlich eine "weiße" Frau, aber sie war nicht "ich". Im Gegensatz zu den anderen Visionen war sie wohl eher eine Freundin oder eine gute Bekannte von mir, während ich "ich selbst" war - in meiner eigenen Gestalt und eigenen Zeit, nur eben auf einer "Zeitreise" in der Vergangenheit. Wahrscheinlich war sie eine Engländerin und meinem Gefühl zufolge musste ich mich in der zweiten Hälfte des 17. Jahrhunderts befinden.

Die Frau hatte graublaue Augen und eine freche, etwas hervorstehende Nase. Sie war klein gewachsen und ihre Haare, die sie schulterlang und offen trug (was aber zu jener Zeit nicht Mode war). Sie waren bereits weiß und wehten im Wind. Sie war eine zierliche, schlanke Frau, die so um die sechzig Jahre sein musste. Ihr Name war "Joan", aber die Chinesen nannten sie "Chang Wei".

Sie war eine Britin und seinerzeit mit einer Offiziersfamilie angekommen, die sich den Jesuiten angeschlossen hatten. Die Jesuiten waren nach Peking gekommen, in der Absicht, die Chinesen zu missionieren. Der Erfolg war allerdings sehr bescheiden.

Joan war noch sehr jung und sie blieb mit ihren Eltern und ihrem Bruder, der zwei Jahr älter war, mit ihnen in Peking, wo sie in einem schönen Haus lebten. Sie waren ziemlich wohlhabend. Joan hatte ihre eigenen Lehrer und sie sog die chinesische Kultur förmlich in sich auf. Mit der Stellung der Frau war sie allerdings nicht zufrieden und sie versuchte, ihre chinesischen Freunde, die sie im Laufe der Zeit kennen lernte, dahingehend zu beeinflussen, gewisse Bräuche fallen zu lassen: Zum Beispiel den Frauen die Füße zu binden, damit sie klein blieben oder dass eine "anständige" Frau das Haus nicht verlassen solle, sobald sie verheiratet war.

Aber die daoistische und buddhistische Philosophie gefiel ihr sehr gut und sie hörte gerne über die Lehren

Buddhas. So nahm sie die Lehren an, zusätzlich zu ihrem christlichen Glauben, der nicht römisch-katholisch war, sondern protestantisch.

Außerdem glaubte sie später, dass Christus eine Reinkarnation Buddhas gewesen sei. Schließlich wurde Joan zweiundzwanzig Jahre alt und sie verliebte sich in einen chinesischen Freund, der ihr von der Familie eines ihrer Lehrerinnen eines Tages vorgestellt wurde. Ihm ging es ebenso. Als er sie sah, war es um ihn geschehen. Sein Name war "Kiang Li". Er war ebenfalls Offizier, wie die meisten Männer der Familie Joans auch und lebte in der Nähe von Peking, in einem Dorf namens Donggou ganz in der Nähe von der großen Mauer in Badaling.

Sie wollten heiraten, aber ihre Familie war dagegen, ebenso war seine Familie nicht erfreut darüber. Aber da sie beide sehr mutig waren, heirateten sie trotz aller Widerstände und lebten dann gemeinsam in Donggou in der Nähe der Badaling-Mauer, wo er als Wachkommandant eingesetzt war. Sie lebten im Haus seiner Eltern und Joan sorgte für sie, da sie schon früher die chinesische Küche lieben gelernt hatte. Daher konnte sie auch für den chinesischen Geschmack gut kochen. Sie wollte später auch die chinesische Medizin lernen, wozu sie auch Gelegenheit hatte. Joan mangelte es nicht an Geld, das sie von ihren Eltern weiterhin regelmäßig erhielt und erbte später einen großen Teil. So wurde sie von Kiang Lis Familie bald akzeptiert.

Sie konnte einen Kräutergarten anlegen und lernte von ihrem chinesischen Medizinlehrer, wie man Pillen drehen konnte sowie anhand von Puls, Zunge und Iris, Krankheiten zu diagnostizieren. Bald war sie eine anerkannte Heilerin und die Familie ihres Mannes war schließlich sogar sehr stolz auf sie, ganz besonders, als sie im Laufe der Zeit zwei Kinder gebar, beides Jungen.

Wenn Kiang Li auf der Mauer Dienst hatte, brachte sie ihm oft warmes, frisch gekochtes Essen, daher kannte sie auch alle Nebeneingänge zu den Wachtürmen.

Ich erkannte in Joan die Reinkarnation von Hao Chime. In ihrem vorigen Leben mit Wangshuk Ling waren ihr keine Kinder vergönnt und sie lebte ein Leben in größter Bescheidenheit, kinderlos, aber warmherzig und hilfsbereit. Diese Eigenschaften hatte sie wieder, dazu die Klugheit und die Bildung, die ihr in diesem Leben ermöglicht wurde. Diesmal blieb sie nicht kinderlos und sie verwöhnte ihre zwei Kinder, denen sie später mit ihrem Geld auch eine gute Ausbildung ermöglichen konnte, zusammen mit ihrem Ehemann, der als Offizier auch gut für die Familie sorgen konnte. Sie führte ein glückliches, zufriedenes Leben und wurde sehr alt.

Ich war auch sehr glücklich, meine alte Freundin aus der Zeit in der Kung Fu-Klosteranlage in der Nähe von Luoyang hier in der Vision wieder zu sehen, wenn auch nur kurz.

Langsam wurde mir kalt und ich verlor die Konzentration. Die Bilder verschwanden und ich nahm meine Mütze und ging zurück - die Treppen hinunter. Dann aber wollte ich noch zumindest das erste Südtor sehen. Hier war alles menschenleer, nicht einmal Touristen waren da und ich ließ die eben erlebte Vision noch einmal vorbeiziehen, während ich von den Mauern in die weite Landschaft blickte.

Die Sonne stand bereits tief im Westen und ich ging langsam hinunter, an den Kanonen vorbei und zum Ausgang. Dann ging ich auf Nebenwegen zurück zum Badaling Hotel, wo wir uns alle wieder trafen.

Schließlich traten wir ganz zeitig den Heimflug an, so früh, dass ich vorher nicht mehr schlafen konnte. Während der vielen Flugstunden hatte ich viel Zeit, die Reise zu reflektieren, denn schlafen konnte ich in dem engen Flugzeug kaum, wenn auch die Versorgung gut war.

Als ich in Wien ankam, war es Ende November und inzwischen war es auch hier Spätherbst. Ein paar Tage später sollte schon der erste Schnee fallen.

fotografiert von: Eva Lene Knoll

10
AUSTRALIEN - GONDWANA

Im Jahre 1991 trat ich eine Reise nach Australien an. Es war Dezember und in Österreich war es damals wirklich eiskalt. Es gab Eis und meterhohen Schnee. Dementsprechend heiß war es, als ich in Sydney landete. Eigentlich hatte ich damals die Illusion, länger bleiben zu können, weil mich ein ehemaliger Kollege gebeten hatte, mit ihm und seiner damaligen Freundin mitzukommen. Wir hatten vor, dort auch zu arbeiten. Seine Freundin sei schon vor einigen Jahren dort gewesen und hatte erfolgreich Geschäfte gemacht. Nach einigem Zögern besorgte ich mit ihm das Visum und buchte einen Flug. Es kam allerdings alles anders. Er kam nicht mit, da ihm etwas dazwischengekommen war beziehungsweise seiner Freundin und ich flog also allein und kam Anfang Februar erst wieder zurück. Die Zeit dort war allerdings abenteuerlich.

Hier kann ich auf eine Vision zurückgreifen, die fast am ältesten war. Es war genau zehn Jahre vorher, also 1981, als ich mitten am Tag während einer eher monotonen Arbeit, plötzlich wie ein Standbild eine ganz genaue Landkarte von Australien in meinen Kopf bekam und dazu noch den Ayers Rock im Nabel Australiens, der in der einheimischen Sprache "Uluru" genannt wird. Dann sah ich noch ein Flugzeug, seltsamerweise ein Kampfflugzeug und ein flüchtiges und undeutliches Bild eines Mannes, der im Norden von Australien steht. Es war beeindruckend, aber nichtssagend für mich. Trotzdem hatte mein damaliger Ehemann, mit dem ich in Jordanien war, genau dieselbe Vision, was mich äußerst verblüffte. Auch er konnte sich die Vision nicht erklären und hatte auch nicht die Absicht, jemals nach Australien zu reisen.

Sowieso hatte ich selbst damals weder Zeit noch Geld, noch sonst irgendeine Motivation, nach Australien zu fliegen. Sieben Jahre später, also bevor ich noch nach Teneriffa flog, hatte ich noch eine Traumvision.

Nun, diese Vision war etwa 10 Jahre später:

Ich weiß nicht, war es ein Traum oder eine Vision, denn ich war munter geworden, wusste aber nicht, ob ich wieder eingeschlafen war, als ich mich in einer Stadt befand, die wie eine Großstadt irgendwo in Amerika aussah. Ich erkannte sie aber nicht. Dort traf ich einen Mann, der "Kiri" hieß, aber ich konnte sein Gesicht nicht sehen. Er wollte mir etwas zeigen und ging mit mir durch Gegenden, die ich später als "Darling Harbour" in Sydney und die Vorstadt "Glebe" wieder erkannte.

Aber damals sagten mir diese Bilder auch nichts, es war nur alles so lebensecht, dass ich die Vision nie vergaß. Trotzdem brachte ich dieses Geschehnis nie mit

Australien in Bezug, bis ich die Begebenheiten erlebte - zwischen Dezember 1990 und Februar 1991.

Wenn ich damals nicht gerade arbeitslos gewesen wäre, hätte ich den Mut nicht gehabt, dorthin zu fliegen - und hätte mich mein ehemaliger Kollege, der letztendlich doch nicht mitgekommen war, nicht überredet.

Die folgenden Erlebnisse sind so wahr, wie ich sie beschreibe, denn meine schriftstellerische Phantasie reicht nicht aus, um mich in erfundene Geschichten so hinein leben zu können, dass ich sie auf diese Weise erzählen könnte. Aufgrund dieser fehlenden Phantasie wurde mir wahrscheinlich die Gabe dieser Visionen oder Traumvisionen gegeben, die sich von normalen Träumen, die ich auch habe, deutlich unterscheiden.

Ich hatte nicht viel Geld und lebte daher in einer Jugendherberge in Glebe. Dieser Vorort war sehr romantisch mit seinen Villen und Gärten. Am Weg in die City von Sydney kam ich durch viele Parks und andere Anlagen, durch Gassen, wo es auch ziemlich menschenleer war und wo es Textilmanufakturen gab, also eher Industrievierteln als Wohnvierteln. Es war sehr heiß, aber ich ging meistens alles zu Fuß. Nur selten benutzte ich den Bus, obwohl es sich oft ausgezahlt hätte. Aber damals war ich noch jung und gut zu Fuß und es machte mir nichts aus. Nur wenn ich das falsche Schuhwerk an hatte, bekam ich Blasen und ich musste irgendwann meine Schuhe in die Hand nehmen, was bei den Australiern nicht gut ankam.

Als ich - nur ein paar Tage später vor meiner Ankunft in Sydney von Glebe in die City von Sydney ging - kam ich wahrscheinlich auf Umwegen durch diese Arbeiterviertel in Richtung City Hall und zum "Darling Harbour", dem Yachthafen von Sydney. Ich staunte nicht schlecht, als ich die Gegenden aus meiner Vision wieder erkannte, die Gassen, die Schwebebrücke über Darling Harbour, den Platz vor der City Hall und alles rundherum, nur die Harbour Bridge nicht. Hätte ich diese berühmte Brücke in meiner Vision gesehen, hätte ich gewusst, dass es Sydney ist. Aber gerade diese Brücke sah ich nicht, genau so wenig wie die Oper am großen Hafen.

Jetzt begann ich mich an die Bilder vor zehn Jahren zu erinnern und ich wollte wissen, was es damit auf sich hatte, daher buchte ich noch vor Weihnachten eine Busreise mit dem "Greyhound" nach Yulara, der kleinen Stadt vor dem Ayers Rock. Dort gibt es auch ein Reservat für Aborigines. Zu Silvester sollte ich wieder zurück in Sydney sein. Bis zu dieser Reise hatte ich damals in Glebe und Umgebung schon relativ viele Leute kennen gelernt, aber der Höhepunkt für mich war der Abend, als ich einen Aborigine kennen lernte, der gar nicht so aussah. Er war zwar dunkel, aber hatte ein fein geschnittenes Gesicht, nicht mit breiter Nase, so wie man sich einen typisch einheimischen Australier vorstellt.

Er war mit seiner schottischen Freundin unterwegs und wir saßen zufällig am selben Tisch, als er mit dem Gespräch anfing. Er wusste auch, dass ich eine Österreicherin sei und ich werde mein Erstaunen darüber nicht vergessen. Allerdings antwortete er auf meine Frage, warum er das wisse, dass er den Akzent kennen würde. Also war es nicht Telepathie, sondern Erfahrung mit Österreicher.

Im Laufe des Abends erzählte er mir viel und ich bekam - zugegebenermaßen - Kopfschmerzen vor Konzentration auf seine Aussprache, die nicht viel mit Englisch zu tun hatte. Er erzählte mir über Buschgesetze und das Leben der Aborigines in der Stadt, fragte mich, was ich hier zu tun gedenke und was ich in Österreich arbeite. Ich muss zugeben, ich verstand nur die Hälfte. Als er mir aber erzählte, dass er aus einem Stamm von Nordwesten Australiens käme, der eigentlich offiziell ausgestorben sei, horchte ich auf. Ich konnte mich erinnern, in der Vision im Nordwesten oder Norden einen Mann gesehen zu haben, aber ich sah sein Gesicht nicht. Noch mehr erstaunt war ich, als er mir erzählte, dass dieser Stamm "Kiribati" hieße und er sich selbst "Kiri" nannte. Das war der Name aus der Vision. Kiribati heißt auch eine Insel im Norden Australiens - im Pazifik und ich denke, dass dieser Stamm entweder von

Indonesien kam oder umgekehrt, dass der Stamm später dorthin ausgewandert ist.

Er erzählte mir, seine Freundin und er wären in Ashfield zu Hause, nicht weit von Glebe. Ashfield war ein Gebiet von Sydney, in dem fast ausschließlich Aborigines wohnten, auch ein Arbeiterviertel. Er lud mich ein, sich mit ihnen wieder zu treffen, aber ich sagte ihm, dass ich in zwei Tagen nach Yulara fahren würde und ich nicht wüsste, wo ich dann wohnen würde und so war es auch.

Der Bus fuhr uns kurz vor Weihnachten über Canberra und Adelaide, wo wir uns länger aufhielten, nach Coober Pedy und schließlich nach Yulara. Dort blieb ich eine Woche, um das Gebiet genau zu erforschen, nicht so wie die anderen Touristen nur einen oder zwei Tage. Es war hier allerdings unausstehlich heiß und deshalb ging ich noch in der Morgendämmerung hinaus in Richtung Nationalpark - mit Wasserflasche und breitkrempigem Hut und Stiefeletten. Dabei kann ich gar nicht sagen, welch Glück ich hatte, ohne Kompass wieder zurück zu finden, abgesehen von den vielen giftigen Schlangen, die es dort gab und von den Spinnen, von denen ich allerdings am Tag keine sah.

Dass ich mich unerlaubterweise im Nationalpark aufhielt, störte mich damals wohl auch nicht. Ich hätte von den öffentlichen Wegen nicht abkommen sollen und auch jemand mitnehmen müssen, der sich auskannte.

Ohne Führer auf den Ayers Rock zu kommen, das war nicht möglich. An diesem Tag kam ich auch nicht zum Ayers Rock, sondern nur in seine Nähe. Ich bemühte mich lieber, den Weg zurück zu finden, was mir zum Glück bald gelang, da ich eine Fährte eines Wagens fand.

Zu dieser Zeit hatte ich viel Zeit für mich selbst und meditierte auch sehr oft. Ich fand ein "Sheraton Hotel", in dem eine Ausstellung über die Kultur der Aborigines stattfand und ich traf auch tatsächlich einige urtümliche Aborigines in der Nähe, mit denen ich aber nicht weiter in Kontakt kam. Sie waren vom Reservat und sprachen auch kein Englisch. Den Ayers Rock sah ich dann doch noch, als mich am nächsten Tag ein Australier mit dem Auto mitnahm. Mit der Fotokamera ausgerüstet, fotografierte ich ihn von allen Seiten, ich berührte ihn aber niemals. Das hatte abergläubische Gründe, denn die Aborigines verfluchten angeblich jeden Weißen, der ihren heiligen Berg berührt.

Dann fuhr ich wieder zurück nach Sydney, bekam aber in der Jugendherberge in Glebe keinen Platz mehr und nahm daher ein Hotel im chinesischen Viertel, wo ich bis zur Abreise Anfang Februar blieb. Ich erlebte in Glebe aber noch den Silvesterabend und sah von oben die herrlichen Feuerwerke rund um den Hafen und seiner Brücke. Wir tranken Sekt auf den Stufen eines Brunnens und gingen von Pub zu Pub. Aber Kiri sah ich nie mehr. Obwohl ich später noch ein paar mal durch Ashfield ging und nach Glebe in das selbe Lokal, wo wir uns damals getroffen hatten und das sein Stammlokal war, so wie er mir damals erklärte.

Ich lernte noch viele Menschen kennen und erlebte im Jänner einen Sturm, der in einer nahe gelegenen Stadt fast alle Dächer von den Häusern riss und vieles verheerte, auch in Sydney. Dann wurde das Wetter erträglicher, es regnete und es war auch nicht mehr so heiß bis zu meiner Abreise. Während dieser mir verbliebenen Wochen, in der ich natürlich keine Arbeit fand und daher nur wie ein Tourist leben konnte, besuchte ich viele Museen und andere Sehenswürdigkeiten, wie den Tower, die Oper und ich ging auch zu Fuß über die Harbour Bridge. Dazwischen bummelte ich durch unterirdische Passagen der U-Bahn, wo man kilometerweit gehen konnte - durch Geschäfte, Restaurants und Kaffeehäuser.

Unter anderem kam man mit einer Fähre zu einer Insel, die "Manly" hieß und einen schönen Badestrand hatte. Zu dieser Insel fuhr ich ein paar Mal, bevor das Wetter wechselte, denn ich wollte auch das Meer genießen. Als ich noch in der Herberge in Glebe wohnte, hatten wir eine Dachterrasse zur Verfügung. Abends hatte man von dort einen guten Ausblick.

Ich saß eines Abends alleine in einem Liegestuhl, neben mir ein Tischchen, auf dem ich ein Windlicht entzündet hatte und blickte auf das "Southern Cross", wohl das bedeutendste Sternbild auf der südlichen Hemisphäre.

Die Temperatur war abends angenehm, es war nicht mehr so heiß und ich konnte mich wunderbar entspannen. So weiß ich nicht mehr genau, wie oder wann ich eingeschlafen war, aber ich hatte wieder eine Vision:

Zuerst sah ich einen Kontinent, den es so nicht mehr auf der Erde gibt. Es musste vor dem Kontinentaldrift gewesen sein, denn Australien, Afrika, Europa, Indien und die amerikanischen Kontinente waren noch in einem Kontinent vereint. Damals lebte im jetzigen Australien wohl eines der ältesten Völker oder überhaupt das älteste, das sich nach Afrika auf der einen Seite und auf der anderen Seite nach Melanesien, wie dem heutigen Papua Neuguinea, den Fidji-Inseln und Neukaledonien sowie zu den späteren Inseln des Indik hin, ausbreiten konnte. Dieses Land hieß damals "Gondwana".

Dann sah ich große Katastrophen, ganze Zeitepochen vergingen und die großen Platten drifteten auseinander. Es formten sich allmählich die heutigen Kontinente. Ich sah dabei das Leben in einer Steinzeit-Kultur in Gondwana. Überall war rotes Land, roter Sand und dunkelblauer Himmel, rotglühende Felsen und eine Höhlenlandschaft mitten drin. Leute bemalten eine Wand. Sie waren aufgeregt über das, was sie gesehen hatten. Weiße, seltsame Leute sahen sie. Die Höhlenmalereien ka-

men mir bekannt vor. Ich hatte sie schon mal gesehen: Es waren die "Wandjinas" Kimberley, Nordwestaustralien. Die Männer, die diese Wesen malten, streckten ihre Hände nach Westen, so als ob sie mir was zeigen wollten. Dann verschwand das Bild wieder. Ich sah Dschungel, fremdartige Tiere, dunkle Männer und Frauen in Richtung des indischen Ozeans nach Westen laufen, dann stürzte ich in einen spiralförmigen Tunnel und kam wieder heraus - in einer anderen Zeit und als einziges Mal wohl - als Mann.

Mein Name war jetzt"John" und ich war Australier. Ich war noch sehr jung, etwa vierundzwanzig Jahre alt und hatte nur wenig Erfahrung. Ich war dem Militär verpflichtet, denn ich war ausgebildeter Kampfpilot, aber hatte gerade mal dreißig Flugstunden hinter mir.

Es war im Jahr 1942 und die ganze Welt befand sich im Krieg. Vor kurzer Zeit hatten die Japaner Pearl Harbour überraschend angegriffen und somit den Amerikanern einen furchtbaren Schlag versetzt. Die australische Regierung hatte erst seit einigen Wochen mit dem Kaiserlichen Japan Feindseligkeiten aufgebaut, als die Japaner auch Australien angriffen. Ihre Kampfflugzeuge wurden von Flugzeugträgern aus gestartet. Es folgte ein folgenschwerer Luftangriff auf Darwin. Obwohl bis 1943 noch massivere Angriffe folgten, war dies der schwerste, weil er vollkommen überraschend kam. Dieser Angriff ging als australisches "Pearl Harbour" in die Geschichte ein.

Zu dieser Zeit befanden sich die meisten Militärflugzeuge der Royal Australian Air Force (RAAF) jedoch in Europa und Afrika. Nur 10 moderne Kampfflugzeuge der Alliierten US Air Force, die zu dieser Zeit in Timor und Bali stationiert waren, konnten in Darwin eingesetzt werden und 6 veraltete Schulflugzeuge mit wenig unerfahrenen Piloten. Schon nach kurzer Zeit wurde der Einsatz wegen schlechten Wetters abgebrochen. (Anmerkung: Auch zu dieser Geschichte kann man Daten finden, z.B. im Wikipedia.)

Es war grauenhaft. Wir Piloten konnten überhaupt nichts sehen und hatten deshalb keine Chance, die japanischen Kampfflugzeuge abzuwehren. Einer der unerfahrenen Piloten war ich und ich navigierte damals eines der Schulungsflugzeuge. Plötzlich funktionierten die Geräte nicht mehr richtig, das Flugzeug wurde heftig durchgerüttelt. Über Funk kam schließlich die Durchsage, abzubrechen, denn es sei sinnlos, weiter zu fliegen. Die Sicht wäre gleich Null und sie sollten umkehren.

Doch ich kam in Luftstrudeln und konnte das Flugzeug nicht mehr kontrollieren. Ich war in einen Strom geraten, der mich in einen Spiralen-artigen Sog hineinzog.

Dann geschah alles wie in Zeitlupe: Wie durch ein Fenster sah ich mich selbst an den Geräten herumhantieren. Ich hatte dabei weder ein Gefühl für meinen Kör-

per noch irgendeine Emotion. Ich nahm nur wahr, was ich sah, als ob ich außerhalb meines Körpers oben schwebte und mir selber zusah. Schließlich hörte ich es laut krachen, dann sah ich nur noch Licht und schließlich spürte ich meinen Körper wieder. Ich spürte, wie ich wie in etwas hineingezogen wurde. Es fühlte sich an, als ob ich n einem Schlauch gewesen wäre. In diesem Moment sah ich mein ganzes Leben vor mir und vor allem meine letzten Jahre. So erlebte ich meinen Tod. Meine Persönlichkeit, mein Bewusstsein also, musste sich noch lange Zeit in einer Zwischenwelt befunden haben und zwar bei meinen Lieben in Australien.

Vor zwei Jahren hatte ich in Darwin eine dunkelhäutige, einheimische Frau kennen- und lieben gelernt. Es war damals fast nicht möglich, als Weißer eine dunkle Einheimische zu heiraten. Aber ich ging mit ihr in die große Stadt Broome im Nordwesten Australiens, wo ich bei einer freundlichen holländischen Familie mit ihr in einem Farmhaus leben konnte. Sie wurde schwanger und ich heiratete sie nun trotz der Widerstände von allen Seiten. Erst vor zwei Monaten gebar sie einen Sohn, den wir "Joseph" nannten.

Meine zierliche, hübsche, dunkelhäutige Frau hieß "Cary" und ihr Stamm lebte seinerzeit in Australien, Arnhem Land, bevor er von den Weißen fast gänzlich ausgerottet wurde. Der restliche Teil ihrer Familie ist dann nach Darwin gezogen, ein anderer Teil ihrer Fa-

milie zog in die Kimberley-Berge in der Nähe von Broome, darunter ihre Cousine. Ich war glücklich mit Cary und meinem kleinen Sohn, obwohl ich jetzt vor großen Herausforderungen stand. Doch bald würde der Krieg vorbei sein, hoffte ich. Im Augenblick meines Sterbens dachte ich an beide und das war das letzte Bild, das ich sah, bevor ich ohnmächtig wurde.

Es war traurig für meine kleine Familie: Das Flugzeug wurde ausgebrannt gefunden, ganz in der Nähe von Darwin, zusammen mit meinen sterblichen Überresten. Nun war Cary mit unserem kleinen Sohn allein. Für sie brach eine Welt zusammen, aber die holländische Familie war sehr lieb zu ihr und sie konnte dort bleiben mit unserem Sohn.

Das war damals nicht selbstverständlich, denn die Aborigines hatten kein Recht für eine australische Staatsbürgerschaft und es war Brauch, die Kinder der Aborigines den leiblichen Müttern weg zu nehmen und von einer weißen Familie adoptieren zu lassen, angeblich zu deren Wohl. Meistens kamen sie dann zu britischen Adoptiveltern und bekamen eine dementsprechende Erziehung. Aber es war ja auch mein Kind und ich war ein Weißer.

Da Cary mit Joseph bei Holländern lebte, also auch Weißen, konnte ihr das nicht geschehen, obwohl sie trotz dem, dass sie mit mir verheiratet war, keine australische Staatsbürgerschaft hatte. Die holländische Fa-

milie garantierte ihren Schutz. Cary half auf der Farm. Sie wusste viel von der Natur und wusste, was man am besten anpflanzen konnte und zu welcher Jahreszeit. Die Farm wurde immer größer und sie hatten bald immer mehr Arbeit. Inzwischen war der Krieg schon drei Jahre vorbei und Joseph vier Jahre alt. Da das holländische Paar selbst nur drei Töchter hatte, die inzwischen 12, 14 und 15 Jahre alt waren, aber keinen Sohn, der ihnen bei der Vieh- und Landwirtschaft helfen konnte, brauchten sie auch mehr Arbeiter.

In der Nähe von Broome, wo ein Teil von Carys entfernter Verwandtschaft noch nach den Gesetzen des Busches leben konnte, lebten auch zwei erwachsene, kräftige Männer, die keine Frauen oder ein Kind hatten. Deshalb liefen sie nicht der Gefahr, dass sie mit Gewalt zerrissen würden. Sie sahen ohnehin voraus, dass das Ende des traditionellen Buschlebens gekommen war und sie bald in ein Reservat oder in eine Stadt geschickt würden. Es wurde ihnen viel versprochen, was sie alles bekommen würden, wenn sie dort arbeiten würden. Einige waren dann tatsächlich in die Stadt gegangen und wurden als Industriearbeiter genommen. Aber in der Stadt hatten sie vor allen Dingen einen Kulturschock erlebt. Das hatte sich bis in den Busch herumgesprochen.

Diese Männer ahnten also, dass sie, um nach der alten Tradition leben zu können, bald in ein Reservat gehen müssten. Für diese beiden war aber das Leben in ei-

ner Stadt der Weißen verlockender. Daher waren sie willig, als Landarbeiter mitzukommen - und weil sie auf eine Farm kamen, ganz am Rande von der großen Stadt und bei toleranten Leuten, erlebten sie zum Glück keinen großen Kulturschock und konnten sich schnell anpassen. Sie waren ja auch noch sehr jung, nicht viel älter als zwanzig Jahre.

Cary selbst war auch noch sehr jung, erst fünfundzwanzig, aber sie wollte ihr Leben nicht mehr ändern und heiratete daher nicht mehr. Ihr einziges Kind blieb Joseph.

Eine der beiden Männer hätte sie gerne als Ehefrau gehabt, aber das war nicht gerne gesehen und sie hätte ohne Joseph mit ihm in den Busch gehen müssen oder mit ihm in eine andere, fremde Stadt, um dort in der Industrie zu arbeiten. Das wollte sie nicht, sie wollte ihr Leben nicht mehr ändern, denn sie war glücklich auf der Farm. Manchmal ging sie mit den Männern und Joseph zu einem Treffen mit ihren entfernt verwandten Stammesleuten, wo sie dann feierten und musizierten. Das dauerte drei Tage, dann ging sie wieder zurück zur Farm.

Es vergingen mehr als zehn Jahre und Joseph besuchte später mit seinen Onkeln, wie er die einheimischen Männer nannte, die auf der Farm lebten, die Aborigines im Busch. Inzwischen war er siebzehn Jahre alt. Es gefiel ihm dort, denn es war sehr abenteuerlich und er lernte viel über seine Vorfahren. Ein kleiner Junge dieser Aborigine-Familie, dunkelhäutig und zart, war von Joseph sehr beeindruckt und obwohl der Junge damals erst sechs Jahre alt war, wollte er gerne mit Joseph zusammen sein und Geschichten von seinem Leben auf der Farm hören. Sein Name war "Kiri".

Als endlich im Jahre 1960 alle Aborigines die australische Staatsbürgerschaft bekamen, gaben auch Kiris Eltern und die anderen in der Gemeinschaft ihr urtümliches Leben auf und zogen in die große Stadt im Süden von Australien, nach Sydney, Ashfield, wo ihnen ein besseres Leben versprochen wurde. Das war sicher zum Teil der Fall, aber die meisten hatten einen Kulturschock.

Es wäre ein entsprechendes Eingliederungsprogramm von der Regierung erforderlich gewesen, um das zu verhindern. Statt dessen verfielen die meisten dem Alkohol und den Drogen. Kiri war einer der wenigen, bei dem das nicht der Fall war, vielleicht weil er durch die vielen Erzählungen Josephs über das Leben in einer Stadt schon als kleines Kind immer wieder gehört hatte. Joseph war schon im Kindesalter sein "junger Lehrer".

Ich wurde wach auf der Terrasse. Es war stockfinster geworden, abgesehen von den ewig leuchtenden Sternen und ich ging daher in mein Zimmer.

Ob das derselbe "Kiri" war, den ich vor Weihnachten in einem Pub kennen gelernt hatte? Vom Alter her würde es jedenfalls passen.

11
DER KREIS SCHLIESST SICH

Diese Traumvision geht nicht mit einer Reise einher, dennoch erzähle ich sie, weil sich mit dieser Geschichte erst der Kreis schließt. So wie ich angefangen habe mit meinen Erkenntnissen jenseits unseres irdischen Wissens, so beende ich meine Erzählungen. Ich weiß nicht, ob es ein Traum oder eine Vision war, es geschah damals, 1995, bevor ich nach Indien flog und ich in meinen Visionen über die Landschaft flog - so wie ein Adler - zwischen Bergesgipfeln und über grüne Täler - und neben mir ein kleiner Buddha, der mir auf meine im Geist gestellten Fragen über das Leben Rede und Antwort gab. Ich weiß nicht, war er mein geistiger Führer, mein Lehrer, mein Guru oder mein eigenes "höheres Selbst". Ich fand es sehr aufregend und habe es mir bis heute gemerkt.

Er sagte zu mir: "Ich bin ein hohes geistiges Wesen, so feinstofflich, dass man mich nur mehr als Strahlung bezeichnen kann, eine Entität von Schwingungen, die harmonisch verlaufen. Nur damit du mich sehen kannst, zeige ich mich in einer dir wohlbekannten Gestalt. In ferner Zukunft wird es keine anderen Wesen mehr geben. Wären nicht noch einige Teilchen im Weltall die fluktuieren, gäbe es auch keinen Raum und keine Zeit mehr und alles wäre wieder im All-Eins, in der Singularität.

In mir ist all das Wissen gespeichert, das alle Wesen im Laufe des Lebens und im Rad der Wiedergeburten in diesem Äon der Zeit erfahren haben. Angefangen als kleinste bewusste Teilchen aus dem Nichts, das Alles ist, haben wir uns weiterentwickelt, zuerst haben wir ein Ich-Bewusstsein entwickelt, wir haben uns geteilt und es gab schließlich ein "Du" und ein "Wir". Dann haben wir uns anderen bewussten Teilchen angeschlossen und sind zu Atomen und zu Molekülen geworden. Schließlich wurden wir zu einem sogenannten lebenden Wesen, wie ein Tier und ein Mensch.

Als Ego erfuhr ich nun den "Tod", wie es die Menschen nannten und dabei vergaß ich alles, was ich vorher wusste und erlebt hatte, zumindest als Bewusstsein. Im Unterbewusstsein jedoch war alles gespeichert. Einfach alles, nur es dauerte immer wieder einen langen Weg von der Geburt eines Wesens bis zum Tod und wiederum zur nächsten Geburt, bis ich mich an das bereits Gelernte wieder erinnerte. Das geschah meistens durch einen Anstoß, den man Erkenntnis nennt. Bewusstsein bekommt man also durch Lernen, Erkennen, Erfahren und schließlich wird das Bewusstsein, das so von Leben zu Leben höher wird, zurück ins Unterbewusstsein oder besser in das kollektive Bewusstsein ein-

gespeichert. Nach einigen Leben als höheres, feinstofflicheres Lebewesen, als es der Mensch ist, wie es zum Beispiel Devas und Gottheiten waren (nicht das, was man als "Götter" bezeichnete, sondern Wesen in feinstofflichen Welten), von denen es auch bösartige gab, wie die sogenannten "Dämonen" und andere Dunkelwesen, wurde unser "Geist" auch anders. Wir wurden fähig, ob dunkles oder helles Wesen, das Bewusstsein aus dem kollektiven Bereich sofort abzurufen. Das heißt, wir konnten auch nach dem Tod, den wir dann nur noch als Ablegen des alten Körpers bezeichneten, unsere Erinnerung behalten. Alles, was schon jemals ins Bewusstseinsfeld empor gestiegen war, das eine Art Informationsfeld ist und das überall und in jedem gleich ist - ein Muster, das unvergänglich und unveränderlich gleichsam wirkt - blieb uns dann für immer bewusst.

So wurden wir und alle Wesen wie wir, bereits fast vollkommen, ja wir waren es eigentlich schon, deshalb konnten wir von der Getrenntheit loslassen und das "Wir" wurde wieder zum einzigen Wesen. Es fehlen nur die letzten Teilchen, die noch immer fluktuieren und denen nur noch ein kleines bisschen fehlt, um in den Urzustand des Friedens einzukehren. Und wenn ich "ich" sage, so heißt es eigentlich trotzdem "wir", denn wir sind alle das "Eine". Ich kann noch nicht in die Einheit gehen, sondern erst, wenn auch das letzte Teilchen das vollkommene Bewusstsein erreicht hat. In keinster Weise lässt sich mein Wissen in eine Sprache oder Schrift fassen, denn der Mensch steht noch weit unten in der Entwicklung des höchsten Bewusstseins, obwohl er und alle Wesen und sogar alle scheinbar leblosen Dinge und Teilchen das ewige, unteilbare und perfekte Muster schon in sich tragen, ja immer in sich getragen haben, denn wir sind immer alle das "Eine".

Also bin ich gleichzeitig auch "Viele". Wir sind jetzt nur noch Schwingungen. Nur noch ein paar letzte Teilchen schwingen in einer anderen Frequenz und manche Teilchen entstehen ja noch immer und verschwinden auch wieder, während wo anders wieder welche neu entstehen, so dass dieser Zustand noch relativ lange bleiben wird.

Seit ich Mensch war, war mein Entwicklungsweg so: Ich war später ein feinstoffliches Wesen auf anderen Planeten, schließlich auch auf einer Sonne. Ich wurde immer bewusster, immer feinstofflicher und auch immer größer. Die dunkle Energie, die für uns eigentlich nicht mehr dunkel war, da sie sich in dieser Zeit längst entfaltet hat, aber in einer Weise, die für Menschen nicht zu verstehen war, trieb die Galaxien immer mehr auseinander. Schließlich wäre für einen Menschen, wenn es noch einen gegeben hätte, kein Sternenhimmel mehr zu sehen gewesen. Aber zu diesem Zeitpunkt gab es überhaupt keine grobstofflichen Wesen mehr, so wie es die Menschen oder andere humanoide Wesen auf anderen Planeten waren.

Durch das Auseinanderdriften der Galaxien nahm auch die Kälte immer mehr zu, aber je feinstofflicher wir wurden, umso weniger spürten wir diese. Inzwischen waren wir alle sehr langlebig, für den Menschen unvorstellbar.

Es wird eine Zeit kommen, wo es wieder wärmer wird, wir bewegen uns dann so schnell, über die Lichtgeschwindigkeit hinaus, sodass wir spiralförmig in gekrümmter Raumzeit wieder umgedreht werden, wahrscheinlich ohne es überhaupt zu bemerken, da sich damit alles ändert. Der Zeitpfeil wird sich umdrehen. Schließlich kommen wir in eine Art schwarzes Loch, wo wir uns in reine Strahlung auflösen werden und kommen zurück in eine Singularität, die auf einen neuerlichen Urknall zustreben wird."

Es ist schwer für mich gewesen, diese Worte so wiederzugeben, dass sie verständlich sind, vor allem auch für mich. Ich hörte das Gesagte dieses nicht-irdischen Lehrers wohl, aber mehr direkt als Gedanken in meinem Kopf, so wie Telepathie. Ich musste mich zuerst eine ganze Weile ernsthaft mit Physik befassen und sehr viel recherieren, um die Materie einigermaßen zu verstehen.

Für mich persönlich sind durch diese Erklärungen die erlebten Geschichten aus meinen Visionen und die Erlebnisse auf meinen Reisen verständlicher, da der Glaube an Reinkarnation, mit dem ich schon lange sympa-

thisierte, für mich somit logisch nachvollziehbar ist. Denn es ist ja Reinkarnation, wenn ein Bewusstsein von Leben zu Leben immer wieder in einen Körper geboren wird, egal in welchen, bis es (wieder) vollkommen ist und wieder in seinen Urzustand kommt, geborgen in der Quelle des Seins.

Die vielen Geschichten über Wiedergeburten, besonders aus Indien, wo sich kleine Kinder an ihre Eltern aus dem vorigen Leben erinnerten, haben mich schon immer in Erstaunen versetzt, aber noch mehr der Brauch in Tibet, wie ein "Tulku", ein wiedergeborener Körper eines Lamas durch Mönche gefunden wird. Der Tulku, meistens ein noch kleines Kind, erkennt Personen und Gebrauchsgegenstände aus seinem vorigen Leben - ohne Hilfe und meist auch sofort.

Auch der Sinn des Lebens scheint mir logischer, wenn man das Bewusstsein immer erweitern kann - was aber nur durch ein langes Leben möglich ist, länger als das durchschnittliche Lebensalter eines Tieres oder eines Menschen.

Visionen haben zu können, erkläre ich mir durch Raum- und Zeitreisen, die momentan eher als sogenannte "Astralreisen" oder "außererkörperliche" Reisen bekannt sind, auch als "schamanische" Reisen in eine "andere" Welt. Aber es könnten auch andere Erklärungen vorstellbar sein.

ANMERKUNGEN

In den Naturwissenschaften muss man sich leider oft auch mit dem Paradoxon befassen. Zum Beispiel gelten für ein Elementarteilchen wie ein Elektron eines ist, andere Gesetze als bei molekularen Gegenständen. Die müssen nämlich mit einer Wellenfunktion beschrieben werden. Bis jetzt ist die Vereinheitlichung der Relativitätstheorie mit der Quantenphysik noch nicht gelungen, obwohl es schon gute Ansätze dafür gibt, zum Beispiel mit den Super-Stringtheorien und der Schleifen-Quantengravitation. laut der Quantenphysik gibt es wiederum nur Wahrscheinlichkeiten über den Ort, wo ein Teilchen zu treffen ist, bedingt durch Quantenfluktuationen. Das hat Werner Heisenberg entdeckt.

Es wurden genug Versuche diesbezüglich gemacht, zum Beispiel durch die bekannten Doppelspaltexperimente. Erwin Schrödinger hat die Unschärferelation mittels einer Katze in einem Behälter, zu beschreiben versucht, in dem durch einen Mechanismus ein Gift abgegeben wird oder nicht, wobei die Katze getötet wird oder nicht. Solange man in die Kiste nicht hineinsieht, wäre dann die Katze tot und lebendig - beides gleichzeitig gemäß der Heisenberg'schen Unschärferelation. Erst wenn ein Beobachter eingesetzt wird, bricht die Wellenfunktion zusammen und die Katze ist dann entweder tot oder lebendig. Natürlich ist das nur ein Metapher und bei großmolekularen Einheiten, wie eine Katze es ist, nicht wirklich möglich. Das ist einfach wirklich paradox. Unschärferelation bedeutet dann auch, wenn man ein Teilchen durch einen materiellen Träger schickt, ist das Teilchen nur wahrscheinlich innerhalb der Barriere, aber es ist auch möglich, dass es außerhalb ist. Das heißt, die Wahrscheinlichkeit ist nicht Null. Das ist dann der sogenannte "Tunneleffekt". Warum ich das schreibe? Nun, es hat tatsächlich etwas mit Teleportation zu tun, so wie es in den Science-Fiction-Romanen immer vorkommt und "Beamen" genannt wird.

Der Physiker Günter Nimtz hat schon 1993 nachgewiesen, dass bei so einer Reise durch den Tunnel die Lichtgeschwindigkeit überschritten wird. Das wurde aber als Angriff gegenüber der Relativitätstheorie aufgefasst und vorerst nicht weiter beachtet. Erst als die Physiker Steinberg und Chiao denselben Effekt zwei Jahre später experimentell nachgewiesen hatten, kam Nimtz wieder ins Gespräch und testete 1996, ob auch Informationen durch so einen Tunnel geschickt werden können. Der Versuch gelang.

Die Information kam am anderen Ende des Tunnels an, wenn auch verzerrt. Man sagte zwar wieder, das sei ein Sakrileg gegenüber Einsteins Theorien, aber in Wirklichkeit war es das nicht, denn er hatte ja seinerzeit schon selbst formuliert, dass es ein höheres Raum-Zeit-Gefüge gäbe und die Raumzeit durch diese Wirkung gekrümmt sein müsse. Dieses Gefüge wäre dann eine

Tunnelverbindung, die sogenannte "Einstein-Rosen-Brücke".

Diese Brücke wäre eine Verbindung von einem "Schwarzen Loch", in dem alle Materie und Energie verschwindet, zu einem "Weißen Loch", wo alles wieder erscheint. In Wirklichkeit wird man aber durch solche Tunnel nicht reisen können, aber dennoch, die schwarzen Löcher wären immerhin makroskopisch. John A. Wheeler, Physiker, nahm allerdings an, dass es neben diesen großen makroskopischen Löchern auch kleine schwarze und weiße Löcher gäbe, und nannte sie "Wurmlöcher". Diesen Ausdruck kennen wir wieder aus der Science Fiction-Literatur, denn dieser Ausdruck wurde gerne aufgenommen, um Raumzeitreisen zu beschreiben. Diese Löcher sind aber äußerst instabil.

Die Theorie, dass es tatsächlich kleine schwarze und weiße Löcher geben könnte, beruht darauf, dass im Quantenvakuum immer eine Restenergie da ist, die reagiert und die man als "Quantenfluktuationen" bezeichnet. Im Quantenvakuum scheinen Teilchen und Antiteilchen auf und löschen sich gegenseitig wieder aus. Dabei werden gewaltige Energien freigesetzt. So entsteht ein schwarzes Loch und dort, wo Materie und Energie erscheint, entsteht dann ein weißes Loch und die Verbindung wäre dann ein Wurmloch. Da diese Wurmlöcher aber nur kurz am Leben sind, ist es momentan noch zumindest sehr unwahrscheinlich makro-

skopische Wesen wie einen Menschen darin zu übertragen.

Allerdings - und das ist sehr erstaunlich - kann man sie zur Übertragung von Information verwenden. Trotzdem ist es wahrscheinlicher, dass sich die Teilchen, mit denen experimentiert wurde, sich nicht durch den Träger durchgequetscht haben, sondern sich eher durch einen hyperdimensionalen Raum bewegt haben. Denn bei diesen Reisen gibt es keine Raum- und Zeitvorstellung.

Im Vergleich dazu kennt man aus Sagen und Legenden sehr wohl eine Raum-Zeitverschiebung, zum Beispiel , wenn der Held bei seiner Reise eine Feeninsel oder einen Hexenwald betritt. Auch in der okkulten Literatur kennt man diese Raumzeitverschiebungen, wie im Kapitel III im vorliegenden Buch erwähnt.

Ende des vorigen Jahrhunderts ist es Anton Zeilinger in der Universität Innsbruck gelungen, ein Teilchen tatsächlich zu teleportieren. Bis jetzt kannte man diese Phänomene nur aus der parapsychologischen Forschung, bei denen ein Medium fähig ist, etwas aus der Ferne zu bewegen. Etwas Ähnliches wäre die Telekinese, das ist die Bewegung von Materie durch ein Medium mittels Gedankenkraft.

Beim mikromolekularen Hyperraum befasst man sich schon lange mit der Erforschung der DNS (Desoxyribonucleinsäure), den Trägern unserer Gene. Was hat das mit Kommunikation zu tun, fragt man sich, aber das ist durch eine folgende Theorie eines Physikers erklärbar:

Der finnische Quantenphysiker Matti Pitkänen hat ebenfalls Ende des vorigen Jahrhunderts eine Theorie aufgestellt, indem er eine achtdimensionale Raumgeometrie angenommen hat. Die ist aber selbst in Fachkreisen schwer zu verstehen. Es hat etwas mit magnetisierten Wurmlöchern zu tun. Praktisch nachgewiesen wurde Pitkänens Theorie in Moskau unter der Leitung des Physikers Dr. Pjotr P. Garjajev. Mit Biologie hat das deswegen etwas zu tun, weil sich die magnetisierten Kommunikationskanäle, die höher dimensional sind, an die großen Moleküle der DNS anhängen, das heißt, wir wären dann zu einer höheren Wahrnehmung und zu Kontaktaufnahmen mit höheren Bewusstseinsebenen fähig. Mittlerweile befassen sich auch bekannte Physiker mit Kosmologie und dem Bewusstsein und sprechen von einem bewussten und intelligenten Universum.

Parapsychologische Phänomene wie Hellsehen, Hellhören, spirituelle Erkenntnisse, Telepathie, außerkörperliche Reisen wie Astralreisen, das Sehen von Ufo's und Außerirdischen scheint dadurch besser erklärbar. Es ist möglich, dass bei so einer Reise durch ein Wurmloch die Wahrnehmung des Betroffenen etwas verfälscht wird, überhaupt wenn die Erscheinungen archetypisch sind, daher kommt es wahrscheinlich auch zu manchen Verfälschungen. Wie wir bereits wissen, hat unser Gehirn auch diverse Wahrnehmungsfilter.

Was unser Gehirn betrifft, der amerikanische Physiker Dr. Fred Alan Wolf hält zum Beispiel Träume für innere Hologramme. Während normale Träume eher bedeutungslose virtuelle Bilder darstellen, meint er, seien lichte Träume ganz und gar nicht subjektiv und lassen Bewusstseinsreisen in parallele Welten erkennen. In diesen Welten haben Raum und Zeit keine Bedeutung so wie bei uns, so wie es auch im Kapitel III des vorliegenden Buches erläutert wird (Ernst Meckelburg "Aus dem Jenseits zurück").

Der bekannte Mathematiker Frank Tipler hat sich mit der Möglichkeit beschäftigt, ob unser Universum einem Holodeck (das wäre ein mit Hologrammen ausgestatteter Raum) gleicht, also ein Holoversum ist. Wenn das Universum tatsächlich aus riesigen Hologrammen besteht, dann müssen alle Seinszustände als Realitätsfelder betrachtet werden und alles Dauerhafte wäre Illusion. Nur das große Bewusstsein selbst, das "All-Eine" wäre ewig.

Als Teil wären wir also ein Holon, das immer auch das Ganze enthält. Alles was ist, ist ein Holofeld und ich bin auch ein Teil (ein Holon) und damit habe ich auch alles in mir, was ist - und natürlich auch Sie alle und tragen ebenfalls alles in sich, alles was ist.

Was auch unter den Physikern ein ungeklärtes Thema ist, ist das Rätsel des "Zeitpfeils", den ich oben schon erwähnt habe. In der Physik ist es prinzipiell möglich, alle Prinzipien auch umzukehren, das ist die Annahme der Super-Symmetrie. Nur bei der Umkehrung der Zeit funktioniert das nicht, denn sie würde gegen den 2. Hauptsatz der Thermodynamik verstoßen, der besagt, dass alles von der größten Unordnung zur größten Ordnung strebt. Prof. Hans-Jörg Fahr, Astrophysiker, meint aber, dass am Anfang doch nicht alles Chaos sein kann. Der Materie müsse eine innere Dynamik innewohnen, die die Expansion im All einleitet, andernfalls bliebe das All ein schwarzes Loch, in dem sich nie etwas getan hätte (Prof. Fahr in der PM 2009). Er glaubt, dass wir es mit einem hoch strukturierten lebenden Kosmos zu tun haben, der sich von Ewigkeit zu Ewigkeit spannt. Inzwischen gibt es schon mehrere Hinweise darauf, dass schon zu Beginn eine Hintergrundinformation da gewesen sein muss. Biogenetiker sprechen von einem morphogenetischen, also formgebenden Feld.

Eine andere Erklärung über ein Universum, das sich ewig wiederholen könnte, erklärte der Physiker Roger Penrose von der Universität Oxford und der Chefredakteur Michael Odenwald von Focus berichtete darüber in einem Artikel (siehe Quellen).

Nach unserem heutigen Stand der Wissenschaft begann das Universum vor ca. 14 Milliarden Jahren mit einem Urknall. Vielleicht aber war das nicht der Beginn allen Seins, möglicherweise gab es schon vorher einen Urknall, das ein anderes Universum ins Leben rief. und vielleicht hat sich der Urknall schon öfter wiederholt.

Das meinen zumindest einige Forscher, darunter Roger Penrose, der glaubt, darüber einen Beweis gefunden zu haben, da er Spuren im Universum entdeckte, die darauf hinweisen sollen, dass vor unserem Universum schon ein anderes existiert hat. Würde sich das bestätigen, wäre das Dogma vom Urknall als einmaliges Ereignis hinfällig und der Urknall wäre lediglich ein Umschwung. Roger Penrose erklärt seine Vorstellungen über das Universum genau und sehr wissenschaftlich in seinem Buch "Zyklen der Zeit" (siehe Quellen).

Meine Erklärungen über mein Weltbild, das ich aus den Kenntnissen der Physik und meinen oft sehr paradoxen Erlebnissen, insbesondere als ich auf meinen langen Reisen in andere Kulturen unterwegs war, gewonnen habe, sind sicher nicht vollständig. Das war ein jahrzehntelanger Prozess des Lernens. Diesen Prozess habe ich bereits in meinen ersten Büchern beschrieben, aber er ging noch weiter. Inzwischen habe ich immer mehr den Eindruck, dass fast nichts unmöglich ist zwischen Himmel und Erde. Das Leben ist spannend in diesem Jahrtausend, das erst vor kurzem angebrochen ist und die moderne Wissenschaft wird uns hoffentlich noch mehr Einblicke in die Gesetze der Natur geben.

Ich wünsche Ihnen, mit diesen Geschichten Antworten auf gewisse Sinnfragen gefunden zu haben - und die Erkenntnis, dass die Seele viel mehr ist als unser momentanes Bewusstsein.

gemalt und fotografiert von: Eva Lene Knoll

QUELLEN UND LITERATURHINWEISE

THEMA PHYSIK

- aus Magazinen

P.M., ISSN: 1863-9313, Titel: *Warum ist der Urknall ein Irrtum, Herr Prof. Fahr?*

Autor: Hans-Jörg Fahr, Astrophysiker, München, Jänner 2009, S. 82-86

P.M., ISSN: 1863-9313, Titel: *Die größten Rätsel der Menschheit, Teil 3*, Jänner 2009, S. 56, Untertitel: *Wieviele Elektronen gibt es?*

Autor: Nicolai Schirawski, München, Jänner 2009, S. 56

- aus Büchern

Titel: *Vernetzte Intelligenz*

Untertitel: Die Natur geht online

Gruppenbewusstsein - Genetik - Gravitation

ISBN-13: 978-3930243235

Autoren: Grazyna Fosar und Franz Bludorf

Verlag Omega, 5. Aufl. 2007, Aachen, DE

Titel: Der Stoff, aus dem der Kosmos ist

Untertitel: Raum, Zeit und Beschaffenheit der Wirklichkeit

ISBN-13: 978-3442154876

Autor: Brian Green

Verlag Goldmann, 3. Aufl. April 2008, München, DE

Titel: Zyklen der Zeit

Untertitel: Eine ungewöhnliche Sicht des Universums

ISBN: 978-3827428011

Autor: Roger Penrose

Übersetzer: Thomas Filk

Verlag: Springer Spektrum, Aufl. 4. Aug. 2011, DE

Titel: Die Physik der Unsterblichkeit

Untertitel: Moderne Kosmologie, Gott und die Auferstehung der Toten

ISBN-13: 978-3492036115

Autor: Frank Tipler, Physiker und Mathematiker

München, 5. Aufl. 1995

<u>- aus dem Internet</u>

www.focus.de/Wissen/weltraum/odenwalds_universum/tid-23364/war-der-urknall-gar-nicht-deranfang-die-ewige-wiedergeburt-des-universums_aid_656976.

www.physik.as

THEMA PHILOSOPHIE, ARCHÄOLOGIE, LEBENSHILFE

<u>- aus Büchern</u>

Titel: Das kleine Handbuch der geheimwissenschaftlichen Tempelritter

ISBN-13: 978-3981035827, wiederhergestellt nach den Texten aus Wien, Venedig, Mailand und Paris (unter anderem der Text "Magie der Zeiteinheiten" von Marchesa Antonia Contanta, circa um 1530

Autor: Ralf Ettl, Starnberg

Verlag: causa nostra, 2005

Titel: Erinnerungen, Träume, Gedanken von C.G. Jung (aus "Die sieben Belehrungen der Toten", geschrieben von Basilides aus Alexandria, der Stadt, wo der Osten den Westen berührt)

ISBN: 978-3530407341

Übersetzer: Carl Gustav Jung, 1916,

Autor. Carl Gustav Jung

Herausgeberin: Aniela Jaffé

Verlag: Walter-Verlag, Neuauflage, Nachdruck, Sonderausgabe 5. Nov. 1993

Titel: Texte die es nicht geben dürfte

Untertitel: Mysteriöse Schriften und Botschaften aus aller Welt

ISBN: 978-3800074983

Autor: Reinhard Habeck

Verlag Carl Ueberreuter, Wien, AT

Titel: Einweihung

ISBN-13: 978-3769904154

Autorin: Elisabeth Haich

Drei Eichen-Verlag, 5. Aufl. 2003

Titel: Ewiges Bewusstsein - Geistiges steuert Lebens- und Überlebensprozesse

ISBN-13: 978-3934672192

Autor: Ernst Meckelburg

CO'MED VerlagsgesellschaftmbH, 1. Aufl. 2007

Titel: Matrix-Code

ISBN-13: 978-3950180152

Autor: Morpheus

Trinity-Verlag, 1. Aufl. Aug. 2003

Titel: Elfen, Goblins und Spukgestalten

ISBN: 978-3828949096

Autoren: Brian Proud, Alan Lee

Weltbild Verlag-GmbH, 2003, Augsburg, DE

Titel: Das verschollene Buch Enki

Untertitel: Erinnerungen und Prophezeiungen eines außerirdischen Gottes

ISBN: 978-3938516249

Autor. Zecharia Sitchin

Kopp-Verlag, Rottenburg, DE

<u>- aus dem Internet</u>

www.absinthes-anderswelt.de/pdf/cgjung1.pdf
www.isais.causa-nostra.com/Magie/Magie.htm
www.fallwelt.de
www.maltadiscovery.org
de.wikipedia.org/wiki/Adelheid_von_Burgund_(931-999)

https://www.wikipedia.org/
de.wikipedia.org/wiki/
de.wikipedia.org/wiki/Ägypten

de.wikipedia.org/wiki/Atlantis

de.wikipedia.org/wiki/Gabriels_Offenbarung

de.wikipedia.org/wiki/Jordanien

de.wikipedia.org/wiki/Lemuria

de.wikipedia.org/wiki/Luftangriff_auf_Darwin

de.wikipedia.org/wiki/Tibet

de.wikipedia.org/wiki/Thule

de.wikipedia.org/wiki/Zeittafel_China

<u>Meine Bücher</u>

Titel: Der Weg

Untertitel: Von intuitiven Einsichten und vom Erwachen bis zur Einweihung des Adepten

ISBN: 978-39375668669

Autorin: Eva Knoll

Spirit Rainbow Verlag, Aachen, 2006, DE

Titel: Die Welle des Erwachens

ISBN: 978-3940212030

Autorin: Eva Lene Knoll

Rosamontis Verlag, Ludwigshafen, 2007, DE

Titel: Das ewige Lied der Schöpfung

Untertitel: Geschichten und Gedanken zu Visionen und Reisen in andere Welten

ISBN: 978-3868503395

Autorin: Eva Lene Knoll

Verlag: tradition GmbH, 2009 als e-book und print-book, DE

Titel: Höhere Schwingungen - höheres Bewusstsein

Untertitel: Erkenntnisse der letzten Jahrzehnte und unser Weltbild im Wandel der Zeit

ISBN: 978-3842401068

Autorin: Eva Lene Knoll

Verlag: tradition GmbH, 2011 als e-book und print-book, DE

www.tredition

Über tredition

Der tredition Verlag wurde 2006 in Hamburg gegründet. Seitdem hat tredition Hunderte von Büchern veröffentlicht. Autoren können in wenigen leichten Schritten print-Books, e-Books und audio-Books publizieren. Der Verlag hat das Ziel, die beste und fairste Veröffentlichungsmöglichkeit für Autoren zu bieten.

tredition wurde mit der Erkenntnis gegründet, dass nur etwa jedes 200. bei Verlagen eingereichte Manuskript veröffentlicht wird. Dabei hat jedes Buch seinen Markt, also seine Leser. tredition sorgt dafür, dass für jedes Buch die Leserschaft auch erreicht wird.

Autoren können das einzigartige Literatur-Netzwerk von tredition nutzen. Hier bieten zahlreiche Literatur-Partner (das sind Lektoren, Übersetzer, Hörbuchsprecher und Illustratoren) ihre Dienstleistung an, um Manuskripte zu verbessern oder die Vielfalt zu erhöhen. Autoren vereinbaren unabhängig von tredition mit Literatur-Partnern die Konditionen ihrer Zusammenarbeit und können gemeinsam am Erfolg des Buches partizipieren.

Das gesamte Verlagsprogramm von tredition ist bei allen stationären Buchhandlungen und Online-Buchhändlern wie z. B. Amazon erhältlich. e-Books stehen bei den führenden Online-Portalen (z. B. iBookstore von Apple) zum Verkauf.

Seit 2009 bietet tredition sein Verlagskonzept auch als sogenanntes "White-Label" an. Das bedeutet, dass andere Personen oder Institutionen risikofrei und unkompliziert selbst zum Herausgeber von Büchern und Buchreihen unter eigener Marke werden können.

Mittlerweile zählen zahlreiche renommierte Unternehmen, Zeitschriften-, Zeitungs- und Buchverlage, Universitäten, Forschungseinrichtungen, Unternehmensberatungen zu den Kunden von tredition. Unter www.tredition-corporate.de bietet tredition vielfältige weitere Verlagsleistungen speziell für Geschäftskunden an.

tredition wurde mit mehreren Innovationspreisen ausgezeichnet, u. a. Webfuture Award und Innovationspreis der Buch-Digitale.

tredition ist Mitglied im Börsenverein des Deutschen Buchhandels.